琉大物語

1947-1972

山里勝己
Katsunori Yamazato

A NARRATIVE
HISTORY OF RYUDAI

琉球新報社 1947–1972

龍潭から望む琉大キャンパス（1960年代、琉球大学蔵）

首里城正殿跡後方に建てられた本館＝1950年

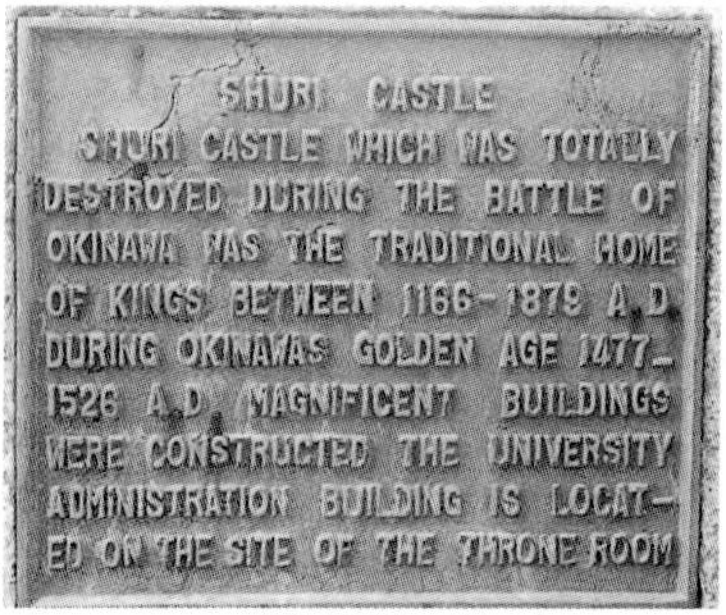

琉大建学の碑

開学式典で挨拶する志喜屋孝信学長＝1951年

最初のミシガン・ミッション＝1951年

図書館の内部

志喜屋記念図書館

GENERAL HEADQUARTERS
SUPREME COMMANDER FOR THE ALLIED POWERS
OFFICE OF THE SUPREME COMMANDER

Establishment of the University of the Ryukyus is an event of outstanding importance in the cultural and intellectual history of these Islands. It is, moreover, particularly appropriate that the University, founded upon the ancient site of the throne of Ryukyuan kings, should be dedicated on the birthday of one who though personally humble was himself kingly among the great of the world -- Abraham Lincoln. As in youth he made such purposeful use of his meagre yet fine resources -- chiefly the Bible, Shakespeare, and Euclid -- so too the eventual greatness of this institution will depend not on the multiplicity but the quality of its resources and its wisdom in using them.

The first and forever primary task of this University must be to educate Ryukyuan youth that they may develop to the fullest their own capacities for service. They must be inspired with the desire to increase and enrich opportunities for those who come after them to develop similarly, that the potentialities which have so long lain fallow in their homeland may be brought to fruition. This new institution should be so grounded in the traditions of the people whose intellectual aspirations it embodies as to conserve and pass on their rich cultural legacy, and yet provide for its students knowledge of the best in all civilizations of the past and those of our own time. And may its students, as the result of the opportunity the University offers, make their own contribution to the sum of human knowledge.

Conceived in the aftermath of war and intended to flourish in the ways of peace, the University is born as the champions of freedom rally once more to defend their heritage against those forces that would enslave the mind of man. This concern for freedom of learning, for things of the spirit, which brought this University into being has never been dimmed by the obscurantism and oppression designed to extinguish it. This dedication is, therefore, another expression of faith and an unshakable resolve that the ideals for which our universities have stood throughout the centuries, in the great tradition of which this institution now takes its place, will continue to foster and perpetuate, forever eager in their quest for truth -- and forever free!

DOUGLAS MacARTHUR

開学式典で読まれたマッカーサー・メッセージ

琉大物語＊＊目　次

II　沖縄の大学設立運動

Ⅲ 開学

IV ミシガン・ミッション

V 資料編「ミード報告」

琉大物語

１９４７－１９７２

はじめに

琉球大学は二〇一〇年に創立六十周年を迎える。大学としては還暦を迎えることになる。しかし、沖縄戦後史の重要なできごとであるにもかかわらず、その設立の経緯や背景の詳細はこれまでほとんど書かれていない。このようなことについて書くことは、沖縄戦後文化史を理解するためにも不可欠のことであろうが、沖縄史上初の高等教育機関の設立については、いまだ十分に解明されているとは言い難い。

これは、二〇〇六年、筆者が「一九五六年の学生処分」（いわゆる「第二次琉大事件」）に関するミシガン州立大学の内部報告（「ミード報告」）について、『琉球新報』に連載したさいに、多くの読者から指摘されたことであった。琉球大学の歴史については、「一九五六年の学生処分」に関する連載の中で、「処分」と関連させながらできるだけ言及するようにしていたが、紙幅の都合上、十分に説明できたとは言えない。多くの読者から指摘されたことは、そのような不十分な部分について、もっとくわしく記述すべきであるということであった。この点について、これまで「アメリカ研究」の一環として収集してきた一次資料を用いて、琉球大学の誕生と成長についてでき得るかぎりくわしい記述を試みたいということが、本書を執筆する動機となった。

米国の拡張思想（「マニフェスト・デスティニィ」）

まず、第一に、大学誕生の際の理念や大学の構成などについて書いてみたい。というのは、一九五〇年に誕生した沖縄史上初の大学は、日本政府ではなく、アメリカ軍政府の手によるものであり、当然ながら、このような大学には、創立に関与した者たちの大学観、文化観、あるいは文明観が流れ込んできているからである。

ある意味では、大西洋を横断してアメリカに到達したヨーロッパ思想、あるいは北米大陸を横断し、太平洋を越えて西漸運動を続けてきたアメリカの拡張思想（いわゆる「マニフェスト・デスティニィ」）がたどりついた先が、太平洋の西の果てにある沖縄であり、そこはアメリカ人からみたら「人種的、言語的、民族的マイノリティ」が住む新しいフロンティアのようなものであった。資料を分析しながら、終戦後わずか五年で沖縄に大学が誕生した背景や理由も明らかにしたいと思う。

琉球大学は、日本が戦争に敗北し、その政治的、文化的覇権が一掃された後の空間に創立されたのであり、それは高等教育の伝統が存在しないところに大学を創造するという大胆で新しい実験をともなうものであった。そのような実験とはどのようなものであったか。そして、アメリカと沖縄側の関係者たちはそのような大学にどのような性格づけをしようとしたか。十九世紀アメリカに誕生した州立大学（ランド・グラント大学）の理念にもとづいて設計された大学は、沖縄では具体的にはどのような姿で立ちあらわれてきたか。かつての日本の教育の痕跡を引きずりながら、あるいは一九四五年以前の伝統から意識的に自らを切断しようとしながら、大学の誕生に際して、沖縄側の教育者、学者・研究者、学生たちはどのような対応をしたのであったか。

ハワイの沖縄人たち

琉球大学は、いうまでもなく、異なった文化伝統が混成された（ハイブリッドな）高等教育機関として出発した。その痕跡はカリキュラムや学内規約や諸制度をふくめて、いまもなお大学のいたるところに残っている。社会で活躍する多くの卒業生たちがそのような文化環境で学び、文化混淆（ハイブリディティ）を体験したのであった。そのような高等教育機関で学生た

琉球大学の開学記念式典。式典に出席するビートラー民政副長官をミード琉大顧問が握手で迎える＝1951年2月12日（『琉球大学50年史写真集』より）

ちはどのような教育を受けたのか。ある意味では、これは自らのアイデンティティに関わる事柄でもある。

また、沖縄における史上初の大学の設立について考える際に、特筆されるのは、海外に移住し拡散していた沖縄人たちが、アメリカ統治下におかれた戦後沖縄の教育と高等教育機関設立の動きに介入しようとしたことであった。

たとえば、ハワイの沖縄系社会の指導者の一人であった湧川清栄は、戦後いちはやく沖縄救済更生会を組織し、沖縄側よりも早い段階で大学設立計画を発表した。そして基金募集のためにハワイ諸島だけでなく、北米大陸を精力的に講演してまわった。また、それだけにとどまらず、湧川は南米の沖縄人居住地（ディアスポラ）とも連絡をとりながら、大学設立のために活動した。このような運動に対する沖縄からの反応は熱狂的なものであった。沖縄人の大学設立運動は、いわば環太平洋的スケールで展開されたものであったと言えよう。このような動きについては、主としてハワイの沖縄系移民たちの動きを中心に書いてみたい。

ミシガン・ミッション

一九五〇年に大学が誕生したあと、大学はだれの手によって運営されたのか。戦争の破壊がいまだ生々しく残る中に生まれ落ちた大学の手を引いて（「養子」にとって）、「歩き方」を指導したのはだ

首里城正殿跡に建てられた本館前で開かれた琉球大学開学記念式典＝1951年2月12日（『琉球大学50年史写真集』より）

れであったか。周知のように、一九五一年から六八年まで、ミシガン州立大学から教授団（いわゆる「ミシガン・ミッション」）が琉球大学に派遣され、大学運営について沖縄側に初歩からアドバイスし、沖縄の教員たちとともに教室で学生の指導にあたった。なぜ、ミシガン州立大学の教員やスタッフが琉大に派遣されたのか。琉球大学にやってきたアメリカ人たちは約十八年間に及ぶ交流事業で具体的になにをしたのか——。

これまで沖縄で公刊された文書は、このような疑問に十分に答えていない。要するに、基本的な事実が解明されないままに六十年近くが経過したということなのである。幸い、ミシガン州立大学公文書館には、同大学が琉球大学と連携するようになった経緯を示す多くの文書と、ミシガン・ミッションが約十八年間にわたって琉球大学から送り続けた膨大な教育と研究に関する報告書が保存されている。（そして、残念なことに、沖縄側にはこのような資料はほとんど残っていない）。

琉大とのかかわりは、ミシガン側から見ると、特筆されるべき国際貢献であった。このような十八年間について、始まりから終わりまですこしくわしく書いてみたいと思う。

本書は、一九五〇年の大学誕生前後から、具体的には一九四七年あたりから、一九七二年の日本復帰直前までの「物語」である。ミシガン・ミッションは六八年に琉大との契約が切れると同時にアメリカに帰国した。十八年は、人の年齢で言えば、親の手を離れて大学に入学する年齢である。二十二年と言えば、これも人の年齢で言えば、成人し、自立する時期である。七二年以降の国立大学としての琉大の歴史はよく知られている。本書で光をあてようとするのは、それ以前の、記憶が失われようとしている復帰前の、大学の誕生と成長の「物語」である。

なお、「物語」という本書の性格上、文中での典拠などの指示は必要最小限にとどめた。巻末に本書を執筆したさいに使用した主要な引用・参考文献を挙げてあるので参考にしていただきたい。

大学本館と「琉球大学建学の碑」

旧首里城正殿跡後方に建設された石造の大学本館は、赤瓦屋根の上に獅子を置き、正面は破風にするなど、かつての首里城正殿の様式を意識しながら、洋風の左右対称の正面と縦長窓を取り入れた建築であった。一九五〇年頃は石や煉瓦からコンクリートに替わる境目で、小倉暢之は「赤瓦屋根石造洋風建築」と呼ぶべき珍しい様式であろうと指摘する。

「琉球大学建学の碑」は、現在は千原キャンパスの「首里の杜」に移設されている。「沖縄戦で灰燼に帰した首里城は、一一六六年から一八七九年まで、琉球王たちの居城であり、一四七七年から一五二六年の沖縄の黄金時代には壮麗な建物群が建立された。大学本館は、かつて玉座があった場所に位置している」と碑には書かれている。

初期の本館の様式と碑の文言には、琉球の文化伝統とアメリカ文化を混交しようとする意図が見える。一九五七年の改修では、赤瓦屋根も破風屋根の両方ともなくして、大学本館は陸屋根の建物に変容した。

建学の碑と琉大本館

I ハワイの大学設立運動

1　湧川清栄とハワイの大学設立運動

一つの講演

一九八九年十二月八日、湧川清栄は勢津子夫人とともに琉球大学を訪れ、大学本部棟にある四階会議室で一時間ほどの講演を行った。その内容は、「あらゆる軍事基地、軍事的施設の沖縄からの即時追放」を訴え、「沖縄の将来への展望」を語るものであった。語り口はおだやかであったが、湧川は、日本とアメリカの沖縄政策について、歯に衣着せぬ痛烈な批判を展開した。

最後に、湧川は、次のように述べてその講演を終えた。

「もう余り時間がないのでただ一言、高等教育について申し上げます。琉球大学は急速に伸びてたいへん立派な大学になりました。しかし、この大学はあくまで、封建主義、天皇制崇拝、軍国主義の温床である文部省によってあやつられている、いわば御用大学であります。この御用大学に対抗し得る有力な私立《わたくしりつ》の大学の建設が、沖縄にとっては不可欠のものだと思います。……琉球大学の益々の発展を、私は希望しますが、ただ植民地大学には転落しないでください」

湧川のこのような言葉を予想できたものが聴衆のなかに何人いたであろうか。それは湧川を招いた大学当局でさえ困惑するものであった。「時代錯誤のオールド・レフトのレトリック」だという感想もあった。しかし、また、大学の中枢ともいうべき場所で、多くの大学人を前に、琉球大学を「御用大学」と言ってはばからないその反骨ぶりに、深く印象づけられた者もいた。

「植民地大学に転落しないでください」という湧川の最後の言葉は、胸の奥からしぼり出されたような大声であった。それは、抑制しながらもなお言わざるを得ない、つよい意志と厳しさを含んだ声でもあった。それは、また、琉球大学に対するある種の愛着がこもった声のようにも聞こえた。当時の湧川は、持病の糖尿病がかなり悪化していたが、淡々として進めてきた講演を終える直前、二度、力をふりしぼるように、大声で聴衆にむかってこの言葉を発したのであった。

沖縄救済更生会

一九五〇年の琉球大学創立以前、一九四〇年代後半のハワイで、沖縄に史上初の大学を創立し、沖縄からアメリカに留学生を送るという運動を展開した沖縄系の組織があった。「沖縄救済更生会」（以下、「更生会」）と呼ばれる財団法人で、その中心にいたのが湧川であった。この運動は、終戦直後の荒涼とした沖縄の島々に閉じこめられ、将来の展望のない日々を送っていた多くの若者たちに大きな希望をあたえ、向学心をつよく刺激するものとなった。

湧川清栄は、一九〇八年（明治四十一）、今帰仁村勢理客で生まれた。十二歳のときに長兄と母のいるハワイへ呼び寄せ移民として渡り、一九三一年にハワイ大学を卒業（専攻は政治学、副専攻は歴史学）、その後、東京帝国大学法学部政治学科に留学している。十二歳でハワイに渡ったから、はじめは英語の勉強のために幼稚園に入れられたという。しかし、小学校、中学校、高校はいずれも飛び級で卒業、ハワイ大学も四年の課程を三年で卒業し、主席優等生として表彰されている。

湧川と親しかった外間守善によれば、湧川は高校時代から社会主義を学んでいて、日本留学中は「大阪と神戸のコミンテルン、米騒動、農民運動の研究、資料収集に奔走、社会運動にも参加して」、ハワイに戻ったのだという。東京から戻るとハワイ大学大学院に進学するが、三十四年には大学院を退学、『日布時事《にっぷじじ》』（戦後『布哇《ハワイ》タイムス』に改称）の記者になっている。

日本軍による真珠湾攻撃の後で、日系人の強制収容が始まる。北米では、兵士に志願した者以外は、すべての日系人が収容所送りとなった。ハワイでは事情がことなり、主として日系コミュニティの指導者層だけが抑留され、アメリカ本土にある収容所に送られた。湧川は、一九四二年四月、ニューメキシコ州のローズバーグ収容所に送られている。収容所体験は強烈なトラウマをともなうもので、戦後も長期にわたって多くの日系人に沈黙を強いた。収容体験者たちが沈黙を破りその体験について語りはじめるのは、八〇年代になってからのことであった。

しかし、湧川は個性が強く雄弁な人物であった。湧川は沈黙するどころか、収容所からローズベルト大統領に手紙を送り、強制収容は不当であり、自分の才能が戦争で無駄になっていると抗議したという。おそらくそれが認められたのであろう、三カ月後には釈放、四三年からはシカゴ大学、コロンビア大学、ハーバード大学で日本語を教え、日本の小作制度などについて研究している。また、五三年には『時代の先駆者当山久三――沖縄現代史の一節』を刊行している。

一九四五年十一月、ハワイに戻った湧川は、沖縄の援助活動に没頭するようになった。そのための組織が、湧川が中心となって結成した「沖縄救済更生会」である。「更生」とは、生き返ること、よみがえることを意味する。湧川たちの運動がハワイの沖縄救済復興運動の中でも異色であったのは、沖縄を救済し更生させるには、物質的な援助も必要であるが、将来のことを考えると沖縄にはなによりも高等教育機関が必要であると強調し、そのために精力的に運動したことにあった。後でくわしく書くことにするが、沖縄救済更生会が大学設立計画の具体案を公表したのは、一九四七年八月のことである。そしてその運動を推進するために、更生会は機関紙『更生沖縄』を発行した。

沖縄に史上初の大学を創立する運動に尽力した湧川清栄氏（1938年）

湧川は琉大での講演を終えたあとで体調が悪化、大阪でしばらく休養し、年明けにハワイに戻った。翌九一年八月、ホノルルで死去、八十三歳であった。

湧川清栄と戦後日本の土地改革

ＧＨＱに大きな影響

収容所を出た湧川は、一九四四年、ハーバード大学に招かれた。ハーバードでは、日本語を教え、研究員として論文を書いた。そのときに書いたものが「日本の小作制度」という英文論文で、終戦の翌年にハーバード大学出版局から刊行された『ジャパンズ・プロスペクト』に収録された。

この論文は、まだ活字にならないうちにマッカーサー司令部に送られ、戦後日本の農地改革に大きな影響を与えている。湧川＝写真中央＝は、小作制度は小作人を「中世期の苦役にしばりつけてきたものであり」、そのような農民は「税を課され、栄養不良で、憐れな家に住み、その悲惨は比べるものもない」と書いた。その改革には「万能薬はない」としつつも、徹底改革のためのいくつかの提案をしている。論文執筆の動機は、日本の小作農を解放し、それを日本の民主化につなげるということであった。

戦後沖縄に大学を創立するという構想の背景に、戦前の沖縄の貧農たちの姿も見えかくれしていたのではないか、と感じさせる論文である。

2　大学設立とハワイの運動

ハワイでの大学設立運動が、琉大の創立に大きな影響を与えたと指摘する声は多い。たとえば、『琉大風土記――開学40年の足跡』（沖縄タイムス社編、一九九〇年）は、琉球大学設立について、ハワイでの大学設立運動の功績を指摘する第十代学長宮城健や新垣義一名誉教授の言葉を紹介している。あるいは、ハワイの沖縄系コミュニティの歴史を記述する『ウチナーンチュ――ハワイの沖縄人の歴史』（*Uchinanchu: A History of Okinawans in Hawaii*, 1984）は、大学設立案の発表はハワイが最初であったと指摘している。

琉大名誉教授の安井祐一は、一九五一年のある会合で、当時琉大教授であった仲宗根政善が、「琉球大学の設立および海外留学制度の実施は湧川清栄氏の発意に基づいたものがある。せめて今帰仁村出身の学生は、このことに留意してもらいたい」と述べたと回想している。また、外間守善も、湧川たちのハワイでの活動が「琉球大学創設のきっかけになっていった」と指摘している。

しかし、一九五〇年、沖縄で史上初めて誕生した大学である琉球大学の「沿革」は、ハワイの大学創立運動について言及しない。ちなみに、平成八年（一九九六年）度『琉球大学学生便覧』の「琉球大学の沿革」は、次のような記述からはじまる。
「昭和23年12月　連合軍最高司令部の琉球局長ジョン・H・ウェッカリング准将は、米国琉球軍政本部教育部長アーサー・E・ミード博士並びに沖縄民政府文教部長山城篤男氏と共に首里城址を視察された。この地が琉球の政治・教育に縁の深い所であることを認め、前教育部長スチュアート中佐の計画に基づき、ここに大学を設立することになった」

ミードは、一九四八年から五〇年まで琉球列島軍政府教育部長、一九五一年から五三年まで米国民政府琉球大学顧問を務め、一九五一年に琉球大学から名誉法学博士号を授与されている。一九六三年、ミードは北ダコタ州で死去したが、その際に、米国民政府高等弁務官府はプレス・リリースを出し、ミードを「琉球大学創設者の一人」として称えている。

創立をめぐる事実関係は錯綜している。琉球大学の『学生便覧』は英文と和文の両方で出版されていたが、一九五一年―五二学年度用『便覧』（和文）に初めて次のような「沿革」が書かれている。

「かねてから琉球大学の建設を計画していた琉球軍政本部教育部長アーサー・E・ミードとマ軍司令部琉球局長ジョン・H・ウェッカリング准将は、一九四八年十二月、大学候補地として首里城址を視察され、沖縄の政治及び教育との因縁が深い所であることを認め、ここを大学の敷地とすることに意見が一致した。現本館の位置が昔玉座があったところである」。

この文章が現在までの琉大の「沿革」の下敷きになっている。

五二年―五三年用『便覧』の記述は、一、二の文言の修正をしているだけで、内容は変わらない。

五三年に発行された新学年用の便覧を見ると、「琉球大学の創立には多くの人々の尽力があったが、特に次の方々に負うところが大きい」と、導入部分が新しく付け加えられ、「前琉球軍政府教育部長ミード博士」、「ジョン・H・ウェッカリング准将」の名前があげられ、沖縄側からは「沖縄民政府教育部長山城篤男氏」の名前があがっている。ただし、山城に関しては、ウェッカリングとともに首里城跡を視察したとされる程度である。

琉球大学の学生便覧（1951年―57年）。初期のころはガリ版刷りだった（『琉球大学50年史写真集』より）

水面下の動き

設立をめぐる流れについて、これよりさらにくわしく説明した文書がある。一九五四年三月に第二回卒業式がおこなわれるが、その際に印刷された「式次第」に「琉球大学沿革」と題する日本語の文章がある。

「琉球大学の設立に当って多くの人々が尽力した。琉球の住民のための高等教育機関設立案が一九四七年に初めて当時の琉球軍政府教育部長スチュアート中佐によって提出された。一九四七年七月にはこの計画が具体化し、当時の軍教育部副部長H・アール・ディフェンダーファー氏が連合軍最高司令部フォックス参謀次長に提出、許可され、スチュアート中佐の後任琉球軍政府教育部長ミード氏はさらにこの計画を具体化させた。一九四八年十二月には、フォックス参謀次長の後任ジョン・H・ウェッカリング准将が沖縄に来訪、ミード氏及び沖縄民政府文教部長山城篤男等と共に大学の敷地を研究し、首里城跡を視察した結果、この地が古来琉球の政治と教育にゆかりの深い事実を知り、高等教育機関設置に最適の場所であることを認め、ここに大学を設立することにした」

これは、大学設立までのアメリカ側の水面下の動きが見える興味深い文書である。しかし、この文書は、沖縄側からなされた大学設立の提案やはたらきかけ、高校生やその家族を中心とする地元での大学設立のための募金活動、さらにはハワイを中心として沖縄人の海外移住地（ディアスポラ）で展開された環太平洋の運動については言及しない。じっさいには、大学創立にいたるまでにさまざまな動きがあったのである。これについて、まずは海外の動きから見ていきたい。特に、琉大創立に向けて大きなインパクトがあったといわれる、ハワイの更生会を中心とした運動がどのようなものであったか、くわしく記述してみたい。

ハワイの沖縄救済団体

プロレスラー沖識名も一役

ハワイには沖縄救済団体がいくつかあった。代表的なものは、「布哇沖縄連合救済会」、「沖縄救済更生会」、「レプタ会」などである。布哇沖縄連合救済会は親豚を沖縄へ輸送したことで知られる。レプタ会は、教会、孤児院、養老院などの復興のために活動した。

一九四八年三月十七日には、プロレスラー沖識名が、布哇沖縄連合救済会のために「沖縄難民救済募金募集のレスリング大会」を開催した。プロレス・ファンにはなつかしい名前である。この沖縄系二世で「米国レスリング界の大スター」は、「沖縄救済のためにレスリングをやるというのでじっとしていられず」、米本土から飛んできたのであった。

更生会は高等教育による沖縄復興をその活動の中心にすえた。米本土にあった在米沖縄救援連盟は、更生会を「名実ともに全海外沖縄諸団体中の唯一最大の実力ある団体」と最大級の評価をしている。

沖縄救済のためハワイから届いた書籍などの小包＝1948年10月26日、沖縄民政府構内那覇国際郵便局（ナンシー新島氏提供）

3　沖縄救済更生会の創立

沖縄社会全体の救済へ

一九四七年一月、ホノルル――。パンチボールの丘に近いプロスペクト街九八一番の湧川清栄宅で「新年親睦会」が開かれていた。プロスペクトは、国立墓地のあるパンチボールの南側を走る通りで、そこからはホノルル市街を見下ろすことができる。現在はダウンタウンやワイキキに高層ビルがひしめいて視界を遮っているが、当時は、市街を越えて、青く茫漠と広がる太平洋を眺めることができたという。湧川の家は一九二〇年代の建築で二階建て、三つの寝室、リビングルーム、キッチン、ダイニングルーム、そしてパントリーのあるこぢんまりとした家であった。

その日集まった者は十名、それまで「内地」の疎開先で苦しむ「郷里を失える沖縄人」の救済活動にとりくんでいた有志や宗教家などであった。彼らは、その場で、今後は沖縄社会全体の救済にとりくむことを決め、「財団法人沖縄救済更生会」を設立することにした。湧川は、この集まりで、救援運動は長期間におよぶものになると述べ、参加者に「各自最低百ドルずつ」、現金で寄付することを求めた。当時の百ドルは、いまであれば千ドル近い価値がある、と湧川は外間守善との対談（一九八五年）で指摘している。

「郷土愛、人道愛」

三月十八日、更生会はホノルルの仏教青年会館で創立大会を開催した。顧問にマカレー東本願寺住職をつとめた玉代勢法雲や牧師で社会運動家であった比嘉静観、理事には帰米二世の阿嘉良雄（デイヴィッド・アカ）らが就任した。更生会は、後に四、五百人に会員がふくれ上がった。湧川は更生会の常任幹事として、この後のさまざまな活動を企画し、推進するために精魂をかたむけることになる。

創立大会から三ヶ月後の六月二十六日、更生会は『布哇タイムス』四面一面を使って、「布哇沖縄県人同胞に訴ふ」の見出しで沖縄救済をよびかける広告を出した。翌二十七日には、もう一つの邦字新聞『ハワイ報知』にも、同様のアピール文を掲載している。

このアピール文は、沖縄戦は「人口の四分の一を消滅せしめ、家畜はその跡を絶ち……丘陵は没し、山河はその姿を変え」、沖縄は焦土と化してしまったと指摘する。さらに、サイパンやフィリピンなどの「太平洋諸島において一番多くの犠牲者を出したのも我が沖縄同胞でありました」と書き、次のように訴えた。

「しかし、この惨事を前にして我々はいたずらに悲嘆に暮れ、過去を呪い、将来を案じ、失神沮喪《しっしんそそう》すべき秋《とき》ではありません。歴史に恵まれず、自然に恵まれなかった我が沖縄人の血管にはいかなる困難でもそれを克服せねばやまぬ気概があらねばならぬのであります。いまや郷里の我が同胞は傷だらけの身体を灰燼の中から持ち上げ、新時代の建設に向かって邁進せんとしているのであります」

このような状況で、沖縄の同胞たちが頼ることができるのは海外の同胞だけであり、これに「援助の手を差しのべることは郷土愛、人道愛を解するすべての者に課せられた当然の義務である」とアピール文はたたみかかける。これは、ハワイだけでなく、海外の沖縄系ディアスポラ（移民居住地、移民集団）に深く浸透し、沖縄人の心の琴線に触れた文章であっただろう。

更生会は、初めは（1）農業、家畜業、水産業の復興にとりくむ経済産業部、（2）書籍、雑誌などを収集し、図書館の復興をはかり、高等教育機関の建設をめざす文化教育事業部、（3）病院、孤児院、養老院などの建設を目的とする社会事業部の三部門にわかれていた。しかし、更生会は、とすぐに高等教育機関の設立に焦点をしぼり、その実現にむかってつき進むようになる。更生会はこのアピール文で「将来は高等教育機関の一つでも沖縄に建設してやるべく最善の努力をしましょう」と訴えた。沖縄に史上初の大学を創立する構想が語られはじめるのは一九四七年前後からであるが、これが戦後もっとも早く公表された高等教育機関設立構想であった。後でくわしく紹介するが、その具体案が公表されたのは、それから二ヶ月も経たない、八月十一日のことである。

沖縄の救済に尽力したハワイ在住県人の湧川清栄氏（左）と比嘉静観氏（中央）、山里慈海氏（『アメリカと日本の架け橋・湧川清栄』より）

「更生沖縄」発行

この年、十一月、「更生会」は機関紙『更生沖縄』を発行した。編集人は湧川で、その事務所を「ホノルル市カピオラニ街六五七番、タイムスグリル二階」においた。タイムスグリルは沖縄系移民が経営するレストランであった。更生会理事で会計をつとめていた阿嘉良雄によれば、『更生沖縄』の記事は湧川がほとんど一人で書いていたという。

一九四七年十一月に発行された「創刊第一年第一号」の「創刊の辞」で、湧川は「本紙はだいたい三つの目的を持っている」と述べ、次のように書いた。

「日本本土、北米、中米、南米及び布哇における全海外沖縄人同胞の手によって行われる郷里救援活動の指導、または統一連絡の助成機関たらしめんとするのがその一つである。それとあいまって郷里の実状に関する情報を広く収集し海外同胞に正確な報道を提供すると同時に、郷里の同胞に対しては海外における我々の動静を報告し、もって両者間の連絡を緊密にすることも本紙のもつ重要な使命の一つである」

また、湧川は、「本紙は郷里の救済と更生を主眼とし、それが唯一の動機であり究極の目的である限り、あくまで不党不偏の立場でなければならない」と宣言した。更生会の沖縄救済事業は、これ以降、『更生沖縄』紙上でとりあげられることになる。

「プリーズ・コクア・オキナワ」

「ピジン英語」で募金活動

プリーズ・コクア・オキナワ！この言葉が理解できる人はかなりのハワイ通であろう。「コクア」はハワイ語で、英語の「ヘルプ」の意。ラナイ島の更生会会員たちが、募金活動で白人やフィリピン人などの家を訪ねても、「プリーズ・コクア・オキナワ！」の一点張りで通していると、喜屋武盛條が『更生沖縄』に書いている。いわゆるピジン英語である。

更生会会員は一世が多く、英語はかならずしも十分ではなかった。だから、「なんのタメのコクアか？」ときかれても、言いたいことが言えず、ただ相手をじっとみつめて「口をムクムクしている」と、これでよいか？と二十五ドルを出してくれたというのだ。あとはサンキュー、サンキュー……。

このような苦労も沖縄を救済するため、「更生会という難航の船に乗った以上は死なばもろともに」との覚悟で運動を続けている、とラナイの会員たちは語ったという。

更生した沖縄は、このようなハワイの沖縄人たちの熱情に、どのようなかたちで恩返しをしてきたのだろうか。

沖縄の救済に取り組んだハワイの県人たち
（ナンシー新島氏提供）

4　更生会の二大事業

給費留学生と大学創立

湧川清栄は一九四七年には三十九歳であった。六月に『布哇タイムス』にアピール文を掲載した後、彼はプロスペクト街の家にこもって考え込んでいた。壁という壁が書架になっていて、本の中で生活しているようなものであった。おびただしい数の本を見つめながら、更生会がその事業を三部門にすることで力が分散しないかどうか、ほんとうにこれでいいのかどうか、湧川は気になって仕方がなかった。それに、戦争が終わって沖縄から帰還した沖縄系二世の信頼できる者たちに聞いてみても、彼らは異口同音に沖縄がもっとも必要としているのは教育機関だと言っている……。

アメリカは沖縄をどうするつもりなのだ。このままだと、アメリカは半永久的に沖縄を支配する可能性がある。沖縄人は植民地の住民のようになってしまうのではないか。サモアやプエリトリコを見たらいい。あるいは、土地を奪われ、言葉を奪われたハワイ先住民の苦難の歴史を思い起こせばいい。

だが、教育の実権さえ握っていればなんとかなる。三部門に力を分散すべきではない、高等教育機関設置に焦点を絞るべきだ……。

三十九歳の湧川は、更生会会員たちにくり返しこのことを語り続けた。その結果、八月十一日、『布哇タイムス』に四段見出しで更生会の「二大事業」を発表することになった。

『布哇タイムス』第五面には、「沖縄の救済は先ず教育より」の大見出しが踊り、その上段にアピール文が印刷されている。アピール文の冒頭には、米国キリスト教連盟書記長ホプキンスの談話が紹介されている。ホプキンスは、沖縄やヨーロッパ各地を視察し、「南洋」をへて一九四七年春にふたたび沖縄を訪れたが、「世界中で一番ひどい目にあっているところは沖縄です、復興の一番おくれているところも沖縄です」と語ったのだという。

その次に、沖縄民政府文化部長富山正堅から湧川に届いた書簡の一部が引用される。富山は次のように書いている。

「今次大戦の終戦地であっただけに沖縄の物質的被害は絶大なものがあります……国滅んで山河ありという言葉もありますが、国頭郡の山だけがその七十パーセントだけは残って、中頭以南島尻に至るまでは山の樹木も焼かれ、川も作戦道路急造のためにその姿を失ってしまったので、山川はどこにあるかと一昨年の九月、戦後初めて、あの石垣までも破壊された首里城の跡を眺めながら嘆声を漏らしながら、泣くにも泣かれぬ思いをいたしましたが、その物質的被害に劣らぬ精神上の被害の多大なることに今更驚きました」

二大事業

これを受けて、アピール文は、世界でもっともひどく破壊され、もっとも復興がおくれている沖縄をどう復興し救済すべきであろうかと問いかけ、次のように言葉を繋いだ——「わが沖縄救済更生会では創立以来このことについて種々協議を重ね、慎重に研究をなし……ここに沖縄救済の第一次事業として、左の二大事業を選定し、その完遂に向かって邁進することになったのであります」。特大のゴシック文字で印刷されたその「二大事業」は、次のような内容であった。

一、第一回給費留学生の養成

一、沖縄大学（仮称）の創立

この二大事業の選択は、「新沖縄の建設はまず人材の養成から始めなくてはならぬ、という確信から出発したものであります。新しい人物なくして新しい建設はありえないのであります」とアピール文は力をこめる。湧川の肉声が聞こえてくるような文章である。

さらに、給費留学生については、翌四八年から開始する。第一回留学生は、更生会の経費で三人を選抜し、米国に留学させると明言する。更生会は、その選抜方法についてもこまかく検討し、留学生は島尻(首里と那覇を含む)、中頭、国頭の三郡より一人ずつ選抜するというものであった。専攻は、「農業、家畜、水産、その他の技術」などであり、留学生は、将来は沖縄に帰して新しい産業と教育のために貢献してもらうとしている。

沖縄の救済は先づ教育より

沖縄大學創立具體案

一、創立期
一九四九年初春を期して着工の豫定

二、構成内容
初年度に於て文科大學、應用科學大學の綜合大學を創設

三、初年度工事計畫
(イ)本館＝營業事務局、敎職員事務室、研究室、文科大學敎室の一部に使用
(ロ)圖書館＝書庫、閲覧室、文科大學敎室の一部に使用
(ハ)應用科學大學校舍＝應用科學大學講義室、實驗室等に使用
(ニ)假講堂兼体育館＝集會、体育等に使用
(ホ)養畜、家畜試驗、飼育場
(ヘ)男子寄宿舍
(ト)女子寄宿舍

四、工事、設備豫算
(イ)本館建築及び設備費……八萬弗
(ロ)圖書館建築及び設備費……十萬弗
(ハ)圖書購入及び蒐集費……十萬弗
(ニ)應用科學大學校舍建築及び設備費……七萬弗
(ホ)假講堂兼体育館建築及び設備費……二萬弗
(ヘ)養畜、家畜試驗、飼育場建設費……五萬弗
(ト)男子寄宿舍建築及び設備費……二萬弗
(チ)女子寄宿舍建築及び設備費……二萬弗
(リ)第一回奨學生給費資金……一萬弗
(ヌ)開校初年度維持經營費……五萬弗
(ル)雜費……五萬弗
以上總計……五十七萬弗

五、資金募集豫定額
(イ)布哇割當……三十五萬弗
内
沖縄縣人社會……二十萬弗
一般社會……十五萬弗
(ロ)北米、南米、其他割當……廿二萬弗
以上總計……五十七萬弗

圖書館
巡廻圖書館, 移動圖書館

一、第一回給費留學生の養成

二、沖縄大學(假稱)の創立

新沖縄の建設は先づ教育より！
人材なくして文化沖縄の建設はありえない
先づ人材の養成より！

財團法人 沖縄救濟更生會

湧川清栄氏らが主張した「沖縄大学」（仮称）の創立は『布哇タイムス』5面に更生会の「二大事業」の一つとして掲載された（1947年8月11日付）

幻の伊波普猷学長

『更生沖縄』創刊号は一九四七年十一月に発行された。その英文紙面に、その年八月十三日に死去した伊波普猷の訃報が載っている。日本語第三面には、「音もなく墜ちし真夏の巨星かな」という俳句で始まる、比嘉静観の「ああ！伊波普猷先生（一）」と題する追悼文が掲載されている。伊波の『沖縄歴史物語』はハワイで出版されたが、比嘉はその原稿を受けとった三日後に伊波の訃報に接したのであった。東京の比嘉春潮からの書簡で知らされたのだという。

この追悼文の（二）は、一九四八年四月発行の創刊第二年第二号の三面に掲載されている。比嘉は、この文章で、湧川幹事は「先生をして我が沖縄大学の初代総長にと非常に期待をかけていたのに、今や、凡ては空しきことになった」と書いている。一九二八年、ハワイ大学一年生であった湧川は、その年ハワイにやって来た伊波の薫陶を受け、それ以来、伊波に深く傾倒するようになっていた。

伊波普猷学長が誕生していたら、戦後沖縄の学問はどのような展開になっていたであろうか。

伊波普猷

5　更生会の大学像——モデルはハワイ大

『布哇タイムス』に掲載したアピール文は更生会の大学像を具体的に示している。アピール文を掲載する前に、更生会の主要メンバーたちは沖縄に創立する大学について、全米から取り寄せた五百冊近い学生便覧を見ながら議論をかさねていた。このような数の便覧を集めたのは、大学の具体像を検討するためであったが、沖縄からの給費留学生をアメリカ本土に配置するさいの参考資料として活用するためでもあった。

カレッジ・オブ・ハワイ

学生便覧を読み、多くのアメリカの大学の創立時の姿がわかるにつれて、大学はかならずしも最初から立派なものである必要はないと湧川らは感じるようになった。だから、彼らは「我々は最初から完備した大学の建設を夢みているのではありません」と書き、いかなる大学でもその創立当初は「皆みじめな歴史」を有していると指摘した。じっさい、アメリカの大学の多くがそのような姿で創立されたのであった。たとえば、イリノイ大学などは、一八二九年、中西部の大草原の真ん中で、学生数わずか九名で創立された大学であった。

しかし、更生会の大学の夢のモデルとなったのは、いちばん身近にあり、湧川にとっては母校でもあったハワイ大学であった。アピール文はハワイ大学の歴史について次のように書いている。

「布哇大学を考えてみてください。布哇大学は今年で創立四十年になります。四十年前の創立当時の布哇大学は、みすぼらしい一棟の校舎に、教師が十二名、学生はわずか五名という、みじめな存在でありました。然るに四十年後の今日は百数十名の教師と三千の学生を容したる堂々たる大学となっているのであります。しかも熱帯農学においては世界屈指の大学とされているのであります。今日の布哇が世界で最も発達した科学糖業、パイナップル業、小農業等を有するに至ったのも一にこの布哇大学が存在したお陰であります」

ハワイ大学は一九〇七年に創立された。だから、更生会の「二大事業」が発表された一九四七年は四十周年にあたり、その記念行事が三月十五日から二十五日まで開催されていた。

ハワイ大学の前身「カレッジ・オブ・ハワイ」は、農学と工学の専攻課程を有する単科大学的な性格のものであり、文字どおり「みすぼらしい」、「みじめな存在」から出発した大学であった。それまで、全米で大学を持たなかったのは、準州であったハワイとアラスカだけであった。ハワイでは、創立後、財政難からカレッジ・オブ・ハワイ廃止の議論さえあったのである。

その四十周記念講演で、当時の副学長カール・C・リーブリックは、ハワイ大学の誕生に関わった者たちは、「土地もなく建物もなく、教員も学生もなく、大学創立の経験さえもない」ところから始めたのであったと述べた。また、リーブリックは、一九四七年の時点で、ハワイ大学には三千八十六名の学生が在籍し、教員数は百七十四名であると指摘している。更生会のアピール文は、このようなハワイ大学の歴史を意識して書かれたものであった。リーブリックの言葉が、空白の沖縄高等教育史とかさなりあうものでもあることを、湧川らは理解していたはずである。

総合大学へ

「カレッジ・オブ・ハワイ」は、一九二〇年に「ユニバーシティ・オブ・ハワイ」として総合大学に生まれかわる。そのために激しい運動を展開したのはウイリアム・クワイ・フォン・ヤップであった。ヤップは中国系移民であったが、ハワイ社会で総合大学設置のための署名運動を展開した人物である。総合大学への移行のきっかけを作ったその功績をたたえられ、ヤップは「ハワイ大学の父」と呼ばれている。

ハワイ大学のこのような沿革や移民州ハワイの歴史、あるいは一九四七年の春から始まった四十周年の諸行事が、湧川や更生会のメンバーに影響をおよぼしたのは自然なことであった。「沖縄大学」(仮称)を構想する際に、ハワイ大学が一つのモデルとなったことはアピール文からも確認できるが、自らの移民としての生き方やハワイ社会でのさまざまな体験が、沖縄に大学を創立するという更生会の人々のビジョンを支えていたのである。

　『布哇タイムス』紙上の広告の下段には、大学の構想が具体的に説明されている。この案によれば、大学は、一九四九年初春を期して着工予定であり、大学の構成は「初年度に於いて文化大学、応用科学大学の総合大学を創設」するとしている。ここでいう「大学」は「学部」と読みかえることができる。つまり、文化学部、応用科学部を擁する大学と読みかえていいはずである。おそらく、「カレッジ」（学部）を「大学」と訳しているのであろう。

ハワイ大学キャンパス（1924年）。キャンパスの整備はまだ進まず周囲に大学の農場が広がっている（『ハワイ大学史』1998年より）

　初年度工事計画には「（イ）本館（八万ドル）、（ロ）図書館建築費と図書費（二十万ドル）、（ハ）応用科学大学校舎（七万ドル）、（ニ）仮講堂兼体育館（二万ドル）、（ホ）農業、家畜試験場、飼育場（五万ドル）、（ヘ）男子寄宿舎（二万ドル）、（ト）女子寄宿舎（二万ドル）、（チ）第一回奨学生給費資金（一万ドル）、（リ）開校初年度維持経営費（五万ドル）、（ヌ）諸雑費（五万ドル）などが含まれていた。

「書物、書物、書物」

沖縄に図書を寄贈

悩める王子ハムレットは空疎な言葉にうんざりして、「言葉、言葉、言葉」とつぶやいたが、「書物、書物、書物」という元気な見出しをつけたのは『更生沖縄』一九四七年十一月号である。記事は、沖縄大学（仮称）附属図書館に送るために、「洋書でも和書でも漢書でもどしどし寄贈して欲しい」と呼びかけ、特に辞書、百科事典、教科書、科学書、専門書の寄贈を呼びかけている。

このような呼びかけに応じたのは、沖縄系のひとたちだけではない。熊本二世のある医師は、二十巻ものの英文百科事典、二十巻もののチャールズ・ディケンズ全集、貴重な医学辞書などを寄贈している。このようにして集められた書物は、いまでも琉大図書館の蔵書として学生や研究者に利用されている。

また、『更生沖縄』四七年十二月号は、「英語が特に重要性を帯びて来た今日の沖縄で海外からの贈物として一番喜ばれるのは英和、和英の辞書類」であるとして、研究社の『新和英大辞典』や『新英和大辞典』を学校、図書館、役所などへ寄贈するようすすめている。

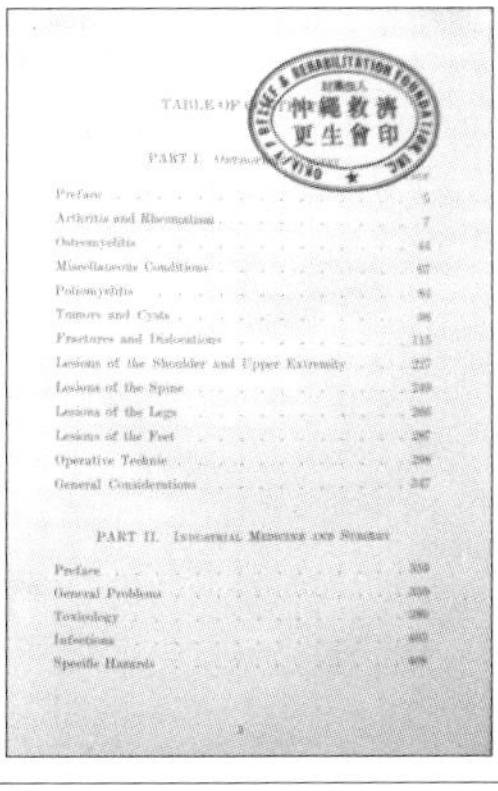

更生会から寄贈されたスタンプが押された本
（琉球大学図書館蔵）

6　環太平洋の大学創立運動

資金集めで全米行脚

大学像を提示した後で、湧川らは大学を創立する目的を説明する。それは、文化と教育水準の向上を基本とするが、直接の目的は「技術者、科学者、教育家、社会指導者の養成」であり、そのような人材の育成をとおして、経済復興、科学的農業、沖縄の手芸工業に貢献する。また、特に女子の教育にあたっては、「家政経済、社会事業、教育学等の実践教育」に重きをおく。さらに、科学を実際的に応用することで「新社会の建設」に寄与する。大学図書館は一般社会に開放、さらに巡回図書館、移動図書館を設置し、各村、各字、各小学校、各中学校へ書籍を配り、「目に一文字もない人達」のためには映画による視覚教育を行い、「一般民衆の文化の向上に資する」と配慮を見せる。

大学の土地代を含む工事と設備予算の総計は五十七万ドルに達し、ハワイで三十五万ドル、そのうち、沖縄県人社会から二十万ドル、一般社会から十五万ドルを集め、残り二十二万ドルを北米、南米などから集めるとしている。

「火を吐くが如き」

資金集めと大学設立の支援を得るために、湧川はアメリカ本土各地を旅行した。更生会は、一九四八年七月二十三日、午後七時半からホノルルのセントラル・ジュニア・ハイスクール講堂で「報告大講演会」を開催し、「大陸遊説旅行、各大学、各財団、研究所との連絡交渉」、政府や民間の有力者、知名人との話し合いなどについて湧川が報告している。これは首都ワシントンを中心とした講演旅行の報告会であった。湧川は、マウイ島やカウアイ島でも報告会を開催した。その「火を吐くが如き熱烈なる大陸旅行の報告は、聴くものをして感銘せしめずにはおかなかった」と喜屋武盛條が書いている。

更生会は、ブラジル、アルゼンチン、ペルー在住の沖縄系移民にも協力を要請した。これ以後、大学設立運動は、ハワイを中心として、南北アメリカ大陸に点在する沖縄系ディアスポラを巻き込んだものに発展していく。

この頃ブラジルの翁長助成から更生会にあてた手紙によれば、当時のブラジルには約五千家族、二世を含めて約三万人の沖縄系の人々がいた。沖縄系の人口でいえばハワイとほぼ同数であった。しかし、日本が戦争に勝ったと信じた、いわゆる「臣道連盟騒ぎ」があり、沖縄人も「九十五パーセントまで日本の大勝利を信じていたため、郷土救援の話など持ち出せない状態」であった。そのためブラ

ブラジル沖縄県人会
初代会長翁長助成氏

ジルの沖縄救済運動は遅れをとったが、これからは「ブラジル在留同郷人」もぜひ更生会の事業に参加させていただきたい、と翁長は書いた。まさに環太平洋のスケールで展開された大学設立運動であり、高等教育のビジョンであった。

更生会がさまざまな救援運動の中で傑出し、大学設立運動に多くの共感を得ることができたのは、湧川が強力なリーダーシップを有し、メディア操作にも長けていたということがあげられる。「ハワイ沖縄県人の名士」の多くが更生会に入っていたという。湧川は毎週日曜日に放送される日本語のラジオ番組も持っていて、ハワイの沖縄系コミュニティにくりかえし協力をよびかけた。

逆風

しかし、ハワイの沖縄系コミュニティは、一枚岩となってこのような運動を支援したわけではない。沖縄の復興についてはいろいろな意見があり、さまざまな団体がそれぞれの理念に沿って救済活動をしていた。だから、湧川の思いはときには厚い壁にぶつかるときもあった。

次の手紙は、一九四八年八月二十三日、モロカイ島から湧川に届いたものである。

「八月七日サタデーの晩……更生会への寄付の件についてモロカイ島の全沖縄人が集まりました。

戦後初めて沖縄への送金が可能となりホノルル郵便局にやってきた県人の世話をする湧川清栄氏（左端）＝1949年6月（『アメリカと日本の架け橋・湧川清栄』より）

話の結果、更生会反対派が大多数でありましたため、話がまとまりませんでした。しかし更生会支持派も四十パーセント位はいるように見受けておりますから支持派だけでもできるだけの寄付は送るだろうと思います。……他所の悪宣伝を聞かれてお腹立ちをなさるな。それをつつしんでおられたら必ず更生会は勝ちですよ。しっかりやってください」

また、一九四九年一月十三日、ハワイ島ヒロ市から届いた手紙には、「当方において更生会支部開設につき事々に反対する者が多いので思うように実行が進みません」と書かれていた。

いくつもの救援運動が競い合ったことからくる反発もあったのだろうが、逆風は足下のハワイでもっとも強かった。その一つは、「食うや食わずの沖縄に大学教育機関なんかいるかというような説」であったと湧川はのちに回想している。マウイ島とラナイ島では四八年一月には支部が結成されていた。マウイ島では、「乱れ飛ぶ悪辣なデマの嵐の中にあって」支部が結成された、と『更生沖縄』(一九四八年四月)は報じている。

また、更生会が計画しているのは、沖縄に「モスクワ大学」を建てることだという噂が飛びかい、それは沖縄の米軍政府の耳にまで届いていた。米軍政府は、更生会の大学設立案に対して「最初から内心、好意を持っていなかった」と湧川はのちに語っている。あとで詳述するが、更生会と沖縄の米軍政府の間で、大学設立をめぐって葛藤が生じることになる。

「教育の力」

「文化沖縄を新建設」

一九四五年に東京で結成された沖縄人連盟は、四七年に更生会に書簡を送り、大学設立のことは「ここでも話題に上っておりましたが、布哇在住の皆様が早くもこれに着眼されましたことは誠に有難く、我々も双手をあげて賛成また全面的に協力致したい」と書いた。

　また、仲原善忠＝写真＝沖縄人連盟会長は、更生会にあてた書簡の中で、「教育の力によって我々は最高の民族に高まることが出来、世界のどこに出ても愛され敬われる人をつくる事が可能であると考えます」と述べている。

　比嘉静観は、『更生沖縄』一九四七年十二月号に五十七行からなる詩を掲載した。大学を設立することで、「おもろを産みし詩の島／歌の島、芸術の島」に「文化沖縄の新建設」が可能になるとし、その最終連で次のように書いた。

　「この歴史的再建沖縄の大事業／布哇の同胞よ／北米の同胞よ／南米の同胞よ／沖縄連盟の同胞よ／同心一体／協力一致／進んで尊い義務を負い／我らの郷土沖縄の新建設成就せん。」

7　志喜屋沖縄知事の手紙

伊藝諒寛（一九二七―九九）は、一九四六年には台北帝大予科を卒業して沖縄に引き揚げてきていた。戻ってはきたものの、読めるような「教養書」もなく、たまに幼なじみに出会うと「戦果」の話ばかりであった。戦後しばらく、沖縄では米軍物資をくすねることを「戦果をあげる」、そしてそのようにして得た「盗品」を「戦果」と呼んでいた。詩人であった牧港篤三は、これは「沖縄戦が生み出し、戦中・戦後さかんに使われたことば」であったと指摘する。生きるための自衛手段だったとはいえ、「戦果」は戦争による精神の荒廃をさし示す言葉でもあった。

のちに琉大で物理学を教え、教養部長をつとめた伊藝は理系の人間である。だが、「ブルドーザーみたいな重機がすぐに運転できるわけでもない」。英語も戦前の文法中心の教育を受けていたため、日常英会話がうまくいかず、居心地のわるさだけが募った。せめて、さしあたっては、GIたちが手にしているあの「小さい本（小説）」でも読めるようになりたい。伊藝はそのように考え、四六年に創立された沖縄外国語学校に一期生として入学した。同期に、のちの琉大法文学部長伊江朝章、工学部長具志幸昌、琉大教授から県知事になった大田昌秀、ハーバード大学で博士号を取得し、ハワイ大学や筑波大学教授をつとめた比嘉正範らがいた。

「一筋の希望の光明」

ハワイの更生会の「二大事業」は、沖縄では一九四七年十月十日付け『うるま新報』の第一面で報じられた。「ハワイ同胞の郷土愛」、「沖縄大学を創設」、「明春より給費留学生も計画」という見出しをつけ、『布哇タイムス』のアピール文をそのまま掲載したのであった。

この報道がなされる前に、当時の具志川村田場にあった沖縄外国語学校に、「沖縄に大学が出来るんだ！目薬大学ではなく本当の大学だぞ！」と、墨で黒々と大書したのぼりを持ってやってきた人物がいた。与勝出身の奥田巌であった。奥田は、兄が更生会の役員をしていたことから、いち早く『布哇タイムス』を入手していた。「目薬大学」とは、いまも市販されている「大学目薬」をもじった言葉である。奥田のこの姿は、伊藝にとっては生涯忘れることができないものとなった。この知らせについて、伊藝は次のように書いている。

「海外留学生募集のニュースが伝わったとき、日本本土での学業復帰の目途のない『暗黒時代』の沖縄では好機会だと思ってすぐに挑戦しました。ハワイ在の沖縄系移民の方々が資金を募集して日本政府でも設置したことのなかった大学を創設し、それに必要な教官を養成するという構想は、いわゆる『軍作業』で刹那的な日々を軍占領下で自暴自棄的に送っていた若者にとっては、暗闇での一筋の希望の光明になったと思います」

旧制の大学予科を卒業して引き揚げてきても、四七年当時の沖縄では学業復帰の展望もなく、ましてや海外留学などは夢のまた夢という状況であった。（伊藝は、四八年に更生会がハワイに迎えた給費留学生の一人であった。このことについては、後でくわしく述べることにする。）

「世界文運に伍せしめ」

奥田は、『布哇タイムス』を志喜屋孝信沖縄知事に届けた。志喜屋はそれを読み、すぐに次のような書簡を更生会に送った。（旧漢字、旧仮名遣いは一部変更した）。

「沖縄前原地区在住奥田巌様宛の布哇タイムス紙によれば、御地沖縄救済更生会においては、一九四九年の春を期し、沖縄大学設立の御計画のよし、この朗報を拝見、誠に意を強うし、感激おくあたわざる所にて御座候」

この書簡の日付は十月九日で、『うるま新報』の記事が出る一日前のことであった。ハワイからの大学設立計画に接し、志喜屋の言葉はしだいに熱を帯び、高揚していく。以下、残りの全文を引用する。

「古人曰く『一年の計は食を樹《う》うるにあり、十年の計は木を樹うるにあり、百年の計は人を樹うるにあり』と。然り国家永遠の計は人物育成にあり、いわんやこの焦土と化せし将来の沖縄をになう子女においてをや。

琉大開学式典であいさつする志喜屋孝信初代学長＝1951年（『琉球大学50年史写真集』より）

吾々の子孫をして世界文運《ぶんうん》に伍せしめ、はたまた世界人類に貢献すべき人材を養育すべく、一日も早く所期の目的に勇往《ゆうおう》せられん事をひとえに御願い申し上げ候」

これは、史上初の大学の意義を語ってやまない書簡である。沖縄に創立される大学は、社会に貢献するだけでなく、世界の「文運」（＝文化・文明が発展していこうとする動き）と肩を並べ、「世界人類に貢献する人材を養育する」というのである。そのような大学を創立するために、「勇往」してもらいたい、勇気をもって前進していただきたい、と志喜屋は更生会に呼びかけた。

志喜屋は一九〇八年に広島高等師範学校を卒業、戦前の沖縄教育界の指導者として重きをなした人物であった。戦後は、米軍政府により沖縄民政府初代知事に任命され、沖縄の復興に力を尽くした。一九五〇年の琉大創立後は初代学長に任命された。このような志喜屋が更生会に送った書簡は、気宇壮大、灰燼の中から立ちあらわれてくる高等教育へのつよい願望と期待が刻印されたものであった。

文教学校、外国語学校、英語学校

戦後復興に貢献

沖縄戦で多くの教員を失い、そのうえ待遇の良い軍作業などに人材が流出したため、沖縄の教員不足は深刻であった。そのため、一九四六年一月に、教員養成機関として沖縄文教学校が開設された。同校は、師範部、外語部、農林部の三部を擁していた。

同年九月には、英語教員、翻訳官、通訳官の養成のため、外語部が沖縄外国語学校として独立した。沖縄文教学校、沖縄外国語学校は、琉大設立時に大学に吸収された。

英語学校は、一九五〇年、高校卒業者を対象として、米軍政府直轄で翻訳官、通訳官養成を目的として設立された英語専門学校。五三年には、沖縄英語学校が琉球政府により設立されたが、八ヶ月で廃止された。

これらは、終戦直後に、戦争を生き延びた青年男女を教育し、沖縄の復興に貢献した教育機関であった。しかし、高等教育機関設立に対する要望はつよく、文教学校や外国語学校の在校生、そして各地の高校生たちの大学設置運動が展開された。

沖縄文教学校

8　戦後初のアメリカ留学生

伊藝諒寛が書いたように、更生会は留学生をアメリカに派遣し、沖縄に設立される大学の教員を養成しようと考えていた。この点で言えば、留学後に沖縄に帰り、琉大の教員となった伊藝は、更生会の計画にそって養成された初めての大学教員であった。更生会にとって、大学設立と留学生派遣は、戦後復興のための車の両輪であった。この後、アメリカ側もこのパターンを踏襲することになる。

更生会沖縄通信員であった糸洲安剛は、一九四八年の春には全島が緑でおおわれるようになり、茅葺きの家が立ち並ぶ中に「昔恋しい赤瓦の屋根さえ見られるようになった」と書いた。しかし、復興はゆるやかに進んでいても、対日講和の見通しはつかず、沖縄の帰属がどうなるかという問題も見当がつかない。そのような中で、青少年たちの生き方は「刹那的、デカダン的傾向」を帯びたが、そのような若者たちに大きな喜びと希望を与えたのは、「ハワイ沖縄救済更生会の企図する沖縄大学の創建と留学生、研究生の派遣である」と糸洲はハワイに報告した。「留学生」とは学部に派遣する者、「研究生」は大学院生を意味した。

志喜屋知事の我慢

志喜屋沖縄知事は、この頃、毎週一回「軍民会議」を開催し、戦後沖縄のさまざまな問題について米軍側と話し合っていた。志喜屋は、更生会の二大事業の報に接していらい、ほとんど毎週、軍側の折衝相手であるラブリー少佐らに留学生派遣について対応を要請している。ラブリーは、この件に関する権限は東京のマッカーサー司令部にある、沖縄の軍政府ではなんとも答えにくいと言うだけで、志喜屋は我慢を強いられた。

更生会の二大事業が報道されたほぼ半年あとの四八年三月十八日、志喜屋はクレーグ軍政府副長官と会談、その際に軍政府側は次のように発言している。

「布哇の更生会からクレーグ副長官宛留学生に対する書類が来ました。吾々は沖縄人の友人だから将来も沖縄のためになることを考えたい。それには日本に留学生を送るよりは米国に送りたい。それには英語教育を奨励されたい。学校の英語は進歩して居るか」

これに対して、志喜屋は「英語は上達しています」と簡潔に答えている。

この当時、東京のマッカーサーは沖縄人を日本に留学させるべきではないと考えていた。軍政府側の発言は、アメリカの沖縄統治の意図が透けて見えるようなものであり、東京のＧＨＱの方針を反映したものであった。

競争率十六倍

更生会は、一九四七年十一月に志喜屋に文書を送り、留学生の選考を委任していた。沖縄民政府側では、四八年に軍政府の許可がおりると、すぐに選抜試験を行った。募集の締め切りは二月末日で、三月三日は留学生、四日は研究生選抜試験が行われた。南部地区が知念高校、中部地区が具志川の文教学校、北部地区は田井等高校が試験会場となった。これは、沖縄島を三地区に分けて、それぞれ一人ずつ選抜するという更生会の方針にそったものであった。

大学院留学生二人、学部留学生三人の募集に対して、八十一名の受験者があり、『更生沖縄』は、「希望に甦る青年沖縄！」、「娘一人に婿十六名の激烈戦」と見出しをつけた。同紙の英文面には学部と大学院用の英語試験問題が印刷された。作文の問題は、「沖縄青年の覚悟と題してあなたの紹介を英文で書きなさい」というものであった。受験者には女子が二名いた。

選考委員は、民政府側が沖縄知事志喜屋孝信、文教部長山城篤男、工務部長（米国大学卒業代表）松岡（旧性宜野座）政保、民間の委員は沖縄文化科学研究会宮里辰彦、沖縄議会議員仲宗根源和、沖縄中央病院宮里進であった。大学院生の英語による面接は、軍政府文教部長スチュワート少佐が担当した。最終合格者は、学部が伊藝諒寛（国頭出身、物理学）、端山敏経（島尻出身、経済専攻）、長嶺文雄（那覇出身、政治学）、大学院は島袋文一（国頭出身、農学）、東北帝国大学を卒業していた瀬長

更生会が企画したハワイへの第1回研究生・留学生の壮行会＝1948年6月3日、知念高校（ナンシー新島氏提供）

浩（島尻出身）は、農業工学を専攻することになっていた。

四八年四月十九日、マッカーサー司令部から、留学生の渡航を正式に許可する通知がハワイの更生会に届いた。

更生会のもともとの計画によれば、学部留学生は、国頭、中頭、島尻から一人ずつ選抜するというものであったが、マッカーサー司令部がこの方針に介入した。地方別という「小さな選定法」ではなく、「沖縄を一丸として候補者を選定すべきである」と訂正された、と山城篤男が「第一回研究生・留学生の壮行会」で述べている。スチュワートは、「五名の選抜はその原籍の如何を問わず、最優秀な者から選ばれた」と壮行会の挨拶で強調した。

壮行会は、四八年六月三日、沖縄教育後援連合会と沖縄教育連合会の共催で、知念高校講堂で開催された。出席者は、沖縄教育後援連合会会長当間重剛、沖縄知事志喜屋孝信、文教部長山城篤男、軍政府文教部長スチュワート少佐など、沖縄教育連合会からは会長の島袋俊一、主事の屋良朝苗、与那嶺松助らが参加した。

文教部長山城篤男は、「五百余年の昔支那留学生の派遣以来、長い間こういうことがなかったのであります」と述べて、留学生たちを激励した。

「留学生の姿」

「捕虜」から「布哇ボーイ」に

「アメリカにある世界優秀の文化財を吸収して、わが沖縄文化の根底に培い、沖縄復興の礎石になる決意を新たにしてください」。志喜屋沖縄知事にこのように激励され、彼らは一九四八年八月十八日に出発した。

アメリカ陸軍払い下げ品のだぶだぶのズボンを胸下まで引き上げ、ベルトは擦りきれてちぎれそうになっていた。靴はブカブカの「サイズはずれ」。これがホノルル空港に降り立った、戦後初の沖縄からの留学生の姿であった。

よくもまあ、こんな格好で、しかもパンナム機に乗って……。まるでPOW（捕虜）ではないか。伊藝諒寛のメガネのつるは、台北の道端で拾った針金でできていた。迎えにきた叔母は目を丸くし、すぐに彼を連れて眼鏡屋に行き、金縁の新しいメガネを買い与えた。彼らはやがて真新しい服に身を包み、モダンな「布哇タイプ」に変身した。

このような留学生たちを、ハワイの県系人たちはピクニックに招待し、沖縄相撲大会を開いて歓迎した。

ハワイで開催された留学生歓迎の相撲大会（ナンシー新島氏提供）

II

沖縄の大学設立運動

1　山城篤男と沖縄の大学設立運動

海外での大学設立運動の中心人物は湧川清栄であったが、戦後沖縄で大学設立にむけて志喜屋孝信を補佐し、軍政府との実務をとりしきって琉大創立に尽力したのは山城篤男（一八八八―一九六八）であった。山城は、一九〇二年広島高等師範学校英語科を卒業、鹿児島女子師範、福岡師範の教諭をへて、一九年には沖縄県立第二中学教諭となった。三六年から終戦まで県立二中の校長をつとめ、四六年一月に軍政府から沖縄文教部長に任命された。五〇年に沖縄群島政府が設立されると副知事に就任、同政府が五二年に解消されると同時に公職を去った。

限りなき息吹をもたらし

文教部長に就任した後、山城がもっとも気にかけていたことの一つは、高校を卒業する者たちの進路の問題であった。当時、向学心に燃える青少年が直面していた状況はどのようなものであったか。琉大が設立される前年の一九四九年、ハワイの更生会に「沖縄中部地区学生自治会一同」から六頁の長文の手紙が送られてきた。すこし長くなるが、時代の様相を証言するものとして、その一部を引用しておきたい。

「我々の行く手に学業を進めてゆく上に非常に大なる障碍が現出しました。この障碍は年に増大しこのままに放置すればいよいよもって拡大されるばかりであります。

それはなにかと申しますと、ハイスクールの上に立つ専門学校、大学がほとんど皆無の状態にあるということです。現在、沖縄にあるのは先に申しました沖縄外語、文教学校でありますが、沖縄外語は採用人員がきわめて少ない上に科目も英語のみに止まり、文教学校は以前の師範学校に相当するものでしかありませんから、多方面にわたって伸びゆく学生の個性の発揚を容れるにしてはあまりにも微弱な内容と数量であります。

自己の行くべき学の道に徹底を期そうと熱望する多数の学生はその行くべき道に窮しわずかに日本への留学という道はあるもののその派遣人員たるや数名を出でず、そうかと云って単独で渡り稼ぎ勉学せんとすれば、戦後の日本においては衣食住に関して安定もおぼつかないという話で、かの地に身寄りのない者には決心しかねる状態にあります。

山城篤男氏

時代かくなる場合において、本島に沖縄大学が創立されるということは我々学徒にとりましては、他に比するものなき最大の福音であり、『大学設つ』の報が沖縄の学生はいうに及ばず、宮古、八重山、大島を併せた全琉球の生徒に躍如とした限りなき生吹《（ママ）》きをもたらし、暗澹として空虚に思われた我々の将来を希望と光明に満ちあふれかつ充実したものにしてくれたのであります」

教育者の責務

　このような若者たちの熱意にこたえることは、教育行政の責任者としての責務ではないのか。沖縄の青少年は進学の希望を抱いていながら、上級学校に進めず希望を失っている。見捨てるに忍びない。大学教育はぜひ実現されねばならない。なんとかしなければ……。山城は、文教部学務課長安里延、長嶺安信、仲宗根政善らとともに大学設置期成会を結成し運動を始めた。山城は、また、仲宗根、安里、長嶺らに大学の構想をつくるように依頼した。三人はそれにこたえて、「文学部・理学部・農学部・工学部・医学部」の五学部で構成される大学の設立を提案した。

　この案を、山城は四六年に沖縄民政府部長会議に提案したという。山城は、さらに、当時の軍政府文教部長であったスチュワート少佐に、大学設置について要請した。山城の話を聞いて、スチュワートは「君、本当に大学設置を希望しているのか」と言った。山城は、「強く希望するからこそ、こう話を申し上げるのです。ぜひ実現して貰いたい」と答えた。

　更生会の大学設立案が『布哇タイムス』に発表されたのが四七年八月十一日、それから一カ月半後の九月末、山城はその日記に「一九四七年九月末スチュワード少佐から Junior College 設立を

では皆様の今後の御繁栄と御健康を祈りまして筆をとめましょう
ハワイ共済會一同様
敬具
沖縄中部地区学生自治会一同

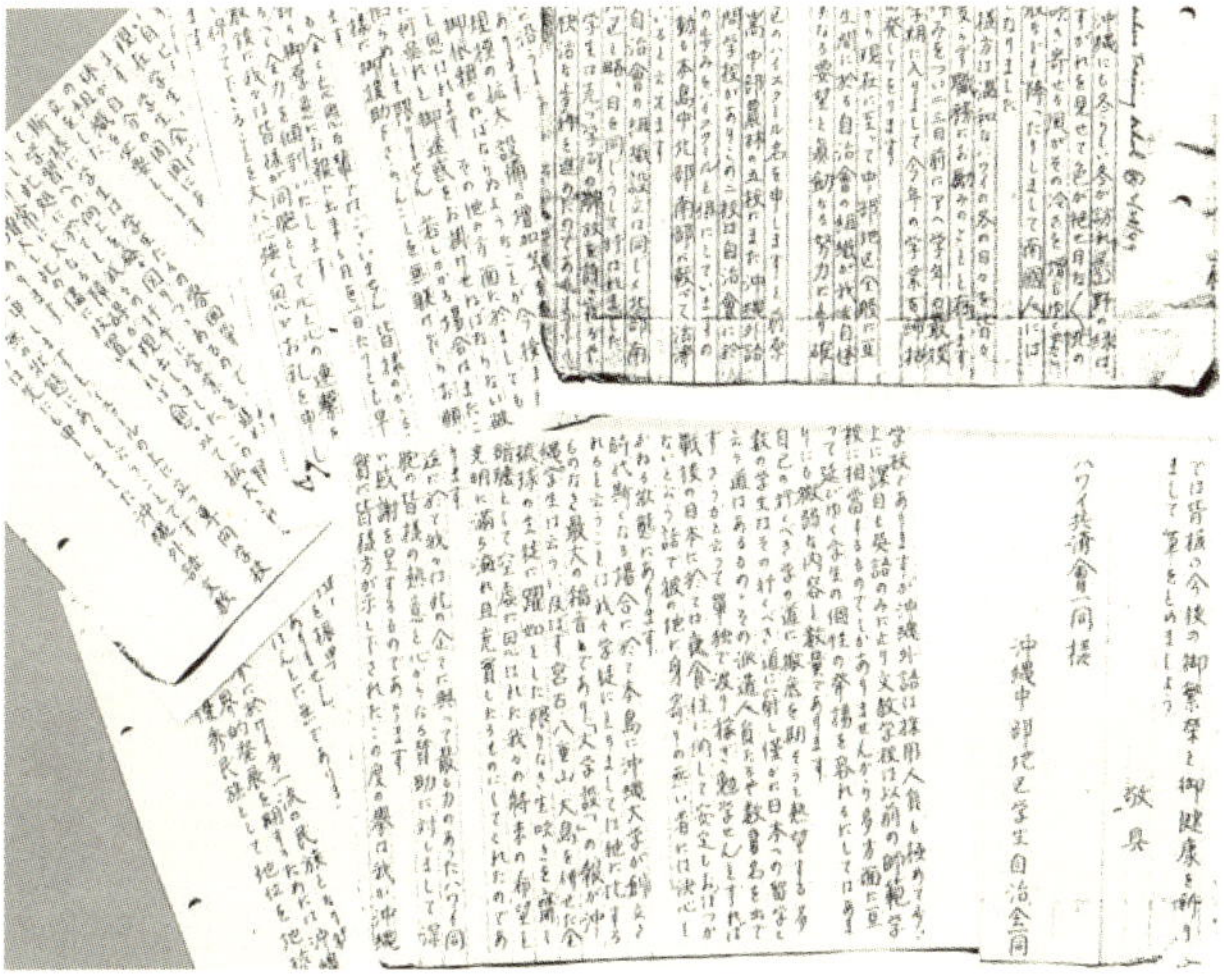

「沖縄中部地区学生自治会一同」が一九四九年にハワイの更生会へ送った長文の手紙（湧川勢津子氏提供）

一九四八年四月一日から開始したいから位置及び教授候補者数を取調べて返事をせよとの口頭指令があった」と書いている。スチュワートは、ジュニア・カレッジの教育部門として、「リベラル・アーツ、医学、法学、工学、農学及び林学」の五部門を提示したと山城の日記に記されている。

文教部では、大学の位置については、「a・字天久南方泊東部にあたる一帯、b・元小禄試験場一帯、c・首里城一帯」、そして教授候補者数については、「英語三人、ドイツ語一人、法律一人、医学一人、生物一人、農学［山城の日記が虫害により読み取り不能］」という答申をスチュワートに提出した。

しかし、沖縄でのこのような動きはすべて水面下のものであり、スチュワートが中心となった軍政府側の計画もスムーズに進行したわけではなかった。紆余曲折をへて、軍政府の大学設置案が最終的に公表されたのは一九四九年のことである。だから、この当時は、四七年十月十日に『うるま新報』に転載された更生会の大学設立案だけが唯一公表されたものであり、そのために、その設立案を歓迎する多くの手紙や寄せ書きが沖縄からハワイに送られたのであった。

大学創設の夢追い求め

安里延《のぶ》（一九一三—一九五〇）は、名護市世富慶出身で、将来を嘱望された教育行政官であり沖縄史研究者であった。その安里が、「赤貧の中に苦吟しながら」県立三中に通っているときに、当時東京帝大に留学中であった湧川の講演を聞いている。

その講演に鼓舞された安里は、旧制七高に学び、さらに広島文理大学に進学して日本史を専攻した。「愚生をして今日まで成長させたのは全く先生の至純高潔な精神の賜であります」と安里は湧川宛の手紙（四八年八月十八日付け）に書き、さらに、沖縄民政府文教部学務課長の立場から、五人の留学生が「鹿島立ち」した四八年八月十八日は、「沖縄歴史に特筆大書さるべき意義深い日であります」とつけ加えた。

奇しき縁というべきであろうか、このような二人が、戦後、期せずして沖縄に大学を創立するという夢を追い求めることになった。

安里延は、琉大が開学する二日前の一九五〇年五月二十日、自動車事故で死去した。三十七歳であった。

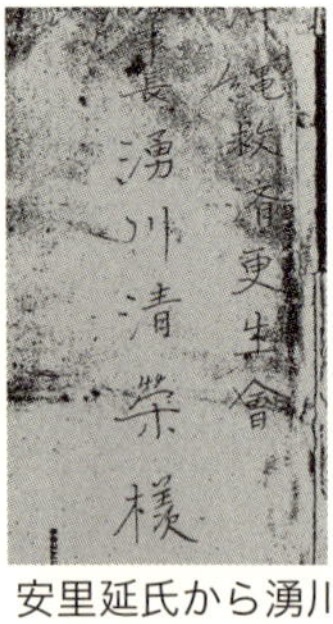

安里延氏から湧川清栄氏にあてた手紙（湧川勢津子氏提供）

2　マッカーサーの沖縄人観と軍政府の大学案

一九四七年八月九日、軍政府財政部副部長マックマン大佐が軍民連絡会議に出席した。このとき、マックマンは「山城文教部長と話し合いをしたが、マッカーサー元帥は沖縄人を日本に留学させることは好まないから早く大学を設立するようにされたら如何なものか」と発言した。

「日本への留学を喜んでいない」

別の資料（『琉球資料第三集教育編』）には、この発言がよりくわしく引用されている。

「軍政府財政部副部長マグマホン大佐は八月九日知事室に於いて沖縄に大学を設立すべきことについて知事との談話を左の通り発表した。

沖縄人の子弟の教育のために沖縄に大学を設立したら如何か。総司令部のマッカーサー元帥は沖縄人の日本への留学を喜んでいない。沖縄は日本と違った特殊な立場にあるから、その教育もまた日本のそれと違った特殊な立場においてなされるべきであり、沖縄の教育は沖縄の大学においてなされるべきであると思う。世界の情勢は日進月歩である。教育を一日遅らせば、それだけ、世界に立ち遅れる。それでその償は永遠にできないものである。だから大学の設置も出来るだけ早く始めるように」

マックマンとマグマホンの二通りの表記がされているが、これはおそらくMcMahonのことであろう。これは、辞書には通例マクマーン、またはマクマホンと表記される。

なにゆえ「マッカーサー元帥は沖縄人を日本に留学させることは好まない」のであろうか。あるいは、「沖縄は日本と違った特殊な立場にある」というあいまいな表現は、どのようなことを意味しているのか。また、「特殊な立場においてなされるべき」高等教育とはどのようなものであろうか。

宮里政玄は、マッカーサーが一九四七年に国務大臣に宛てた文書の中で、「琉球人は人種的に日本人ではなく、琉球は日本の経済にも貢献しない、日本人も、琉球を保有できるとは期待していない」と発言していると書いている。さらに、宮里は、アメリカの沖縄統治政策に関連して、次のような一九四八年のマッカーサーの沖縄人観を紹介している。

「沖縄人は日本人ではなく、本土において沖縄人は日本人と同化したことはない。日本人は彼らを軽蔑している。占領政策の最初の行動として五十万人の沖縄人を日本から撤去せざるをえなかった。彼らは単純でお人好しであり、琉球における米国の基地開発から相当の金を得て幸福に暮らしている人々である」

四八年一月三十日の沖縄民政府部長会議で、志喜屋知事は「伊江様、仲吉様がマック司令部を訪ねて沖縄を日本へ帰されたいと願った所、何故支那にかえらないかと云われたとのことである」と報告した。GHQの沖縄観が反映された皮肉っぽい対応である。

マッカーサーの沖縄人観

マッカーサーの沖縄人観は、たとえば、米軍の占領政策マニュアルであった『琉球列島に関する民事ハンドブック』（一九四四）や、『琉球列島の沖縄人――日本の少数民族』（一九四四）の記述を反映していると思われる。『民事ハンドブック』の執筆者は、「島民は日本人から民族的に平等だと見なされていない。琉球人は、その粗野な振る舞いから、いわば『田舎から出てきた貧乏な親戚』として扱われ、いろいろな方法で差別されている」と述べている。また、『琉球列島の沖縄人』の執筆者は、沖縄人は日本の中のマイノリティであり、「北の日本列島と比べてその文化に原始的な要素が多く残っていること、地理的に孤立していること、言葉の通じないこと、政治的に独立を欠いていることなどの内的な要素は全て、この南の島民に対する内地人の優越感という外因とは別に、劣等感を生み出す要因となっている」と指摘する。我部政明は、『民事ハンドブック』は、「沖縄は未開で好ましくない後れた社会という印象を軍政担当者に与えた」というアメリカ側の分析を紹介している。

このようなアメリカの沖縄観は、十九世紀末のペリー提督来航時に派生したものであるかもしれない。ペリーは米国海軍長官に書簡を送り、アメリカ海軍艦船や商船のために琉球諸島の主要な港湾を占拠することを提言、そうすることは「文明に付随する悪習に住民《ネイティブ》をさらすことになるだろうが、彼らの生活全般は向上することになる」と書いた。欧米中心《ユーロセントリック》の文明観、あるいは十九世紀アメリカの「マニフェスト・デスティニィ」（明白なる運命）という帝国の思想が、太平洋の「西海岸」に到達／浸透してきたことを示唆する文章である。

「特殊な立場」とは、人種的「立場」だけでなく、地理的、軍事的境界をも示唆する。この当時、「日本」とは、我部が指摘するように、北緯三〇度以南の列島以外の北日本列島を意味し、北緯三〇度は、「日本」から琉球諸島を切り離して「排他的な統治」を可能にする境界でもあった。「五十万人の沖縄人を日本から撤去せざるをえなかった」というマッカーサーの発言は、このことを指していたのであろう。「特殊な立場」という言葉が話された瞬間、「沖縄人」のアイデンティティが固定され、「沖縄人」は琉球の島々に囲い込まれようとする危機に直面した。

米国の沖縄人観がうかがえる『沖縄県史 資料編1 民事ハンドブック』と、軍政府の教育政策について触れている『沖縄県史 資料編14 琉球列島の軍政』

沖縄人は日本人か

ハワイをはじめとする海外でもそうだが、終戦直後の沖縄では、「沖縄民族」という言葉がよく聞かれた。安里延は、湧川清栄にあてた手紙の中で、五人の留学生は「沖縄民族を再起せしめ世界奉仕の事業に奉仕せしめる因子になる」と書いている。

ただ、このころの「民族」という用語は、その指示する枠組みはきわめてゆるやかなものであったようだ。

四八年八月五日、アムステルダムで開催された万国キリスト教大会に、沖縄代表で比嘉善雄が参加し、途中ホノルルに立ち寄った。その際に、沖縄の帰属問題について湧川らに質問され、比嘉は「東京にいる先輩諸氏の日本復帰運動はマ将軍の忌諱に触れているようですし、独立を叫んでいる人々もいる」と説明している。

志喜屋の発言に出てくる「伊江様、仲吉様」とは、伊江朝助《ちょうじょ》、「復帰運動の火つけ役」と呼ばれた仲吉良光の二人を指しているのであろう。

晩年の湧川は、沖縄人は日本人の一部だとその講演で強調している。

アムステルダムへ出発する比嘉善雄氏の壮行会(『沖縄のキリスト教史』より)

3 志喜屋知事の大学設立交渉――一つを一つにして

ハワイからの大学設立案を読み、山城のスチュワートとの交渉の報告を受けていた志喜屋孝信は、「軍民会議」で機会があるごとに大学設置を話題にした。一九四七年頃の大学設置に向けた動きを時間軸に沿って見てみよう。

軍民会議

一九四六年、山城篤男、大学設立案を民政府部長会議に提案。

四七年七月、軍政府文教部からＧＨＱへ大学設立申請。

四七年八月九日、「マックマン大佐」が志喜屋沖縄知事にマッカーサー元帥のメッセージを伝える。

四七年八月十一日、更生会の「二大事業」発表。

四七年、九月末、スチュワート少佐から山城篤男への口頭指令。

四七年十月十日、午後二時半から開催された「軍民連絡会議」で、志喜屋は、「最近到着の布哇タイムスによると、布哇の救済会（ママ）では沖縄に沖縄大学を設立するように計画しており、また軍政府文教部でも沖縄に大学を設立するよう計画して居られるとのことでありますが、いずれにしても兎に角優秀な大学が出来る様ご助力を御願いします」と発言している。軍政府側の出席者は、ロータベルグ少佐、フライマス中尉、それに東通訳であった。これに対して、軍側は特に反応することもなく、議事録にその発言はない。

次の軍民会議は十月二十一日、午後二時半から開催された。軍政府側の出席者は前回と同じくロータベルグ少佐、フライマス中尉、東通訳の三人であった。この日、軍政府側は志喜屋にきかれるまえに大学設立に言及している。

軍政府「中城城址の下に建物がありますが、それを文教部に払い下げたいと。沖縄大学の候補地にも話はあるが、学校にしたら中城城にも影響があるか」

志喜屋「学校は那覇に設立したいとのことであります」

軍政府「何故那覇の都会地に学校を置きたいのか」

志喜屋「経験の結果、学校は都会地の郊外が発展性があります」

前回の会議の後、軍政府内部で調整した様子がうかがわれるやりとりである。大学キャンパスの候補地については、すでに山城文教部長から軍政府文教部長スチュワートに三つの案が提出されていた。中城城跡周辺を候補地に挙げたのは軍政府側独自の提案であった。それに対して、山城から三つの候補地を聞いていた志喜屋は、「那覇」周辺を提案する。軍政府側が、なぜ「都会地」に大学を置きたいのかときくのは、いかにもアメリカ的な発想であろう。都市を遠くはなれた、緑ゆたかなアメリカの大学の広大なキャンパスを見なれていた米軍将校たちからすれば、わざわざ大学を那覇に置くという意味を理解しかねたのである。これに対し、志喜屋は、都市に置かれた多くの日本の大学を念頭において対応しているようにみえる。

軍民会議でこのようなことが議論されていた頃、ウィリアム・H・クレーグ軍政府副長官はハワイの更生会に四七年十月二十四日付けで書簡を送り、更生会に「五百個入りの孵卵器三台」、「乳用のザーネン種山羊」、「短角牛（特に種牛）」、「アングロ・ノルマン種、モンゴリアンまたは土着種の馬等」を送ってもらいたいと要請している。クレーグは、さらに「しかし、いちばん大事なことは沖縄に高等教育機関を設置する事や沖縄の図書館復興に対する貴会の援助です。軍部でも何とかして高等教育を創始したいとの希望はあります。これに対する貴会の協力は甚大な意義をもつものであります。貴会のご好意とご援助を重ねて感謝します」と書いた。

四七年十一月十四日、午後二時半から軍民連絡会議が開催された。軍政府からロータベルグ少佐、フライマス中尉、東通訳が出席した。この席上、志喜屋は「来年から沖縄大学を設立すると云う話があったが実現性がありますか」と軍側に質問したが、ロータ－ベルグ少佐は「文教部長ストワート少佐が云って居たが、よく知らないから調査してみます」と答えるだけであった。

四七年十二月二十六日（金）、午前十時から民政府の部長会議が開催され、その会議で、山城篤男文教部長は「学制改革をやりたい」、「六年の初等学校、三年の中等学校、三年の高等学校、四年の大学の六・三・三・四の制度」を導入したいと発言している。(これについてはコラム参照)。

二つを一つにして

十二月五日(金)、午後二時半から軍民連絡会議。軍側からは久々にラブリー少佐が東通訳をともなって出席。その席上、志喜屋は、「布哇からも沖縄に大学を設立する計画があり、またストワート少佐からも軍政府が大学を設立するとのことでありますが二つを一つにして有力な学校を設立されたい」と発言した。この発言に対するラブリーの反応は記録されていないが、これ以降、文教部は独自に「二つを一つに」する大学設立案の検討に着手する。

大学設立にかかわった米軍政府文教部長スチュワート少佐(左)と志喜屋孝信知事(中央)＝1948年6月(ナンシー新島氏提供)

四八年四月二十二日、午後一時半から四知事会議が開催され、志喜屋沖縄知事、具志堅宮古知事、吉野八重山知事、中江大島知事が出席した。この席上、志喜屋は、この日午後三時半にヘイドン准将が来訪する予定であり、「沖縄に大学設置をせよとのことである」と報告した。フレデリック・L・ヘイドンは第四代軍政府長官(四六年七月─四八年五月)であった。ヘイドンの登場は、軍政府側の大学設立構想が整いつつあることを示唆するものであった。

戦後沖縄の学制改革

新里清篤＝写真＝は、一九四八年には、沖縄教職員会の前身であった沖縄教育連合会の主事をつとめていた。その新里が、四八年八月十七日付けで更生会に書簡を送り、教育制度改革について次のように報告している。

「わが沖縄も本年四月を期し、特にアメリカの教育制度に学びまして六・三・三の新学制と男女協同精神と平等観に立脚したコ・エジュケーションを全面的に採用実施いたしました。一部不安の声のありました男女共学についても……極めてスムースな実施を見、現在各方面から極めて

好評を以て迎えられています」

新学制による各市町村への「中等学校」（ジュニア・ハイスクール）の新設と、高等学校の全島各地方への分散は、「教育の機会均等の見地から実に画期的なものであり……この新制度の採用は実に民主教育への一大前進をもたらしつつある」と新里は言葉を繋いだ。

あとは大学が創設されれば、六・三・三・四の「学制改革」が完成することになるのである。

4 「大学設立相談会」――金城豊子の沖縄通信

金城《かねしろ》豊子（ヘレン・トヨコ・カネシロ）は布哇高等女学校出身の二世で、ホノルル・リリハ街の金城徳夫妻（糸満出身）の次女であった。日本語が堪能で、一九四七年、軍政府に勤務するために沖縄に来た。豊子は、更生会の沖縄通信員でもあった。

沖縄では北谷の丘の上にあるコンセットの「仮の宿舎」に住んだ。四八年の旧正月の朝、早起きして外を見ると、道を歩く女性たちはいつもの「兵隊用のカーキ色で男女同じ色の服装」ではなく、この日はドレスを着て楽しそうに歩いていた。それに、いつもは朝早くから夜おそくまで畑で働く人々の姿も見えない。

旧正月のあと、豊子は「メスホールの白人」の車に便乗し、当時知念にあった民政府に志喜屋知事を訪ねた。更生会からの紹介状を持っていたので、志喜屋は会議中であったが、中座して出てきてくれた。それから豊子は文教部に行き、更生会の留学生募集の仕事で忙しくしている職員たちにハワイの状況を説明し、夕方、北谷に戻った。

金城豊子
（『更生沖縄』より）

大学設立相談会

四八年五月十四日、民政府で「大学設立相談会」が開催された。金城豊子は、山城文教部長の要請でこの会議に出席した。出席者は十二名、大学が設立されたら教授に就任することを承諾した者たちも参加していた。

『更生沖縄』(四八年五月創刊第二年第三号)に、この会議に関する豊子の報告が掲載されている。次のような内容であった。

(1) 民政府から軍政府に対して、大学を設立するために、「大学に要す電気設備」「顕微鏡類」「諸道具」「化学品類」「教授の俸給」等の援助を申し出たところ、軍政府から快く提供するという回答を得た。

(2) 大学の設立場所は那覇、首里方面がいい。(一)この方面は将来の沖縄の「首都となるべき中心地点」であること、(二)この地域は「人口緻密であるから大半の学生に便利である」こと、(三)首里や那覇は「交通の中心であり、商業交通上から見ても重要地点である」、というのがその主な理由であった。

(3) 校舎について。(一)前原高等学校にある五棟の大コンセットと四棟の小コンセットが大学校舎として使用できるかもしれない、(二)「軍被服部」が近いうちに引き揚げるので、民政府としてはその跡を大学校舎に使用したい、(三)兵舎用に使われているコンセットは三年ないし七年間は使用に耐えうる。

(4) 科目については、「更生会の提案に賛同して、芸術、科学、政治・経済の各科目を二年予科として終了せしむ」としている。これは、大学二年までの「教養課程」のことを指しているのであろう。

(5) 書籍については、「教科書並びに参考論文は更生会の寄贈に恃《たの》む」。

(6) 寄宿舎には、たとえば北部出身の学生を収容し、食事も提供する。

(7) 教授予定者たちの「俸給」について。これは頭の痛い問題である。軍政府が俸給支払いを承諾したにもかかわらず、「不幸にも今のところ一ヶ月最高四百五十円しか払えない」。教授資格者たちの多くは、「現在軍作業の各方面の要職にあり、それ以上の俸給並びに利益を挙げているのであるから」、なんとか更生会からの補助で「相応の水準」まで引き上げてもらいたい。

(8) 大学の他の設備について。これについては、更生会だけの援助に依存するのではなく、更生会の事業に賛同し支持する各団体が、「大学内の一部門ずつでも担当し後援してほしい」という提案がなされた。たとえば、ブラジルの救済会が書籍を提供し、北米救済会が校舎を、ハワイには研究材料一切を提供させたらどうだろうという意見が出された。

「みすぼらしい」大学像

この「大学設立相談会」の意義は、大学創立は沖縄民政府が中心になり、それを軍政府と海外の更生会を中心とする沖縄系移民集団が支援するということを前提に、話し合いが行われているということにある。これは、志喜屋の「二つを一つにして有力な学校を設立されたい」という発言にそった動きでもあるだろうし、ヘイドン軍政府長官の発言も後押ししているのであろう。また、更生会の「二大事業」が沖縄社会に及ぼしたインパクトもその背景にあることは明白である。金城豊子は、「この会議中に特に注目を要する事実は、大学経営の暁には更生会を頼らねばならない点が多々あるということです」と書いている。環太平洋に散在する沖縄系ディアスポラからの援助を想定しなくては、大学のカリキュラムや運営方法の設計ができないのである。そのため、更生会の代表者が沖縄に来て、軍司令部と大学設立問題について折衝してほしいという意見も出た。

しかし、これはなんとも「みすぼらしい」大学像ではないか。いかなる大学も、その創立当初は「皆みじめな歴史」を有していると湧川たちは書いた。また、ハワイ大学は、カール・C・リーブリックが述べたように、「土地もなく建物もなく、教員も学生もなく、大学創立の経験さえもない」ところから始まった。沖縄民政府文教部の「大学設立相談会」でも、「大学設立の経験さえもない」者たちが、同様の状況に直面しながら、史上初の大学を創立しようと知恵を絞っていたのである。それを支えていたのは、新しい未来を切り開こうとする意志と情熱だけであった。

軍政府と民政府

戦後初期、琉球諸島を統治したのは「米軍政府」または「軍政府」であった。「民政府」は戦後初期の沖縄側の行政機関。南西諸島には、沖縄、宮古、八重山、奄美群島に民政府があり、志喜屋孝信は沖縄民政府知事であった。一九五〇年に群島政府が誕生、一年半後の五二年には琉球政府が発足した。

軍政府は五〇年十二月十五日に廃止され、「米国民政府」が設置された。これは、米民政府、民政府、あるいはUSCAR（ユースカー）と呼ばれた。伊志嶺恵徹は、「沖縄の長期的統治のための従来の占領政策では住民の協力を得がたいとの米国側の判断から、たとえ形式的にしろ軍政から民政へと移行することが必要であるという考えがその背景にあった」と指摘する。

五〇年十二月十五日以降は、それまでの「軍政府」が「民政府」と呼ばれるようになる。つまり、琉大は五〇年五月に「軍政府」により設立されたが、すぐに「民政府」の監督下に置かれたのであった。

米軍政府と沖縄民政府のスタッフ

5　更生会と軍政府の葛藤

金城豊子の手紙は、一九五〇年の琉大創立以前に、沖縄に設立される大学についてはすくなくとも三つの案が存在したことを示すものであった。更生会が『布哇タイムス』で提唱した案、水面下で検討されていた軍政府案、そして山城篤夫が中心になって民政府文教部が検討していた案である。

湧川らは、『布哇タイムス』に掲載されたアピール文で、「民族の存在を保証する意味から言っても、沖縄には沖縄人の手による、独自的、自主的大学が必要であります」と書いた。だから、ハワイ大学の歴史にならって、「我が沖縄大学も小よりスタートして、漸次、大に進むことを期するものであります。創立期には種を蒔き、大学の卵を産む程度でもかまわないのであります」と書いたのであった。「沖縄人の手による、独自的、自主的大学」を夢見ていたのであれば、必然的にそれは小規模な大学として出発せざるを得なかったのである。もとより、それは米軍政府から自立した大学を想定したものであった。初めからすべてが整備された大学を設立することは、財政的に不可能であった。

ジュニア・カレッジ案から総合大学構想へ

山城篤男が日記に記録しているように、四七年当時の軍政府情報教育部長スチュアート少佐が示した大学案は「ジュニア・カレッジ」(二年制)案であり、四年制の総合大学ではなかった。四七年七月に軍政府からGHQに提出され許可されたという大学案は、おそらくスチュアートの「ジュニア・カレッジ」案に近いものであっただろう。

スチュアートは設立計画の途中で転勤となり、四八年にその後任となったのはアーサー・E・ミードであった。軍政府の大学設立計画はミードの指導のもとで練り直されることになった。山城篤男は、ミードは「非常な熱情家で軍人らしい積極的な方で、最初から計画をしなおし、いろいろと連絡をしてくれました」と述べている。おそらくこの段階で、ジュニア・カレッジ構想は四年制の総合大学構想へと修正されたのではなかったか。すでに、更生会の大学設立構想が大きなインパクトをともなって沖縄で公表されていて、「四年制総合大学」に対する沖縄の人々の期待は無視できないものになってきていた。

軍政府が大学を設立するということが初めて報道されたのは、一九四九年一月十日付け『うるま新報』紙上のことであった。

「軍政府情報教育部では今年の二大計画として放送局開設と軍民政府の機関紙『琉球弘報』の拡大

を実現することになっているが、この外、永久的学校ビルディングの建設、琉球大学の開校、軍或いは民政府雇用人の職業訓練計画、技術学校の増設、学生及び成人パンフレットと出版、ミシン或いは大工クラブの樹立、学校内の保健衛生計画の拡大、軍施策報道の徹底等の実現にも力を注ぐことになった」すでにこの時点で、軍政府情報教育部内では大学の名称が決まっていたのである。(「琉球大学」という名称については、後ですこしくわしく述べることにする)。

「最悪の組織」

金城豊子がその手紙に書いたように、民政府文教部では更生会の代表が沖縄に来て、軍政府と大学設立について直接に交渉することを期待する声が強かった。「二つを一つに」まとめようとしていた文教部にとっては、当然そうすべきであると考えていたはずである。

ハワイの更生会は、「沖縄人の手による、独自的、自主的大学」の夢は、軍政府の反応からすれば、しだいに困難になりつつあると感じていた。クレーグ軍政府副長官は、大学設立の際にはハワイには「協力」を期待すると言明していた。また、大学設立に向けて精力的に動いていたアーサー・ミードは、一九四九年二月に湧川に次のような内容のメモを送っていた。

(1)新しく軍政府情報教育部長に就任したアーサー・ミードは、更生会の大学設立事業に大きな関心を持っている、(2)沖縄の人々の教育レベルを引き上げる事業については、更生会との協力を惜しまない、⑶更生会が収集した三万冊の書籍はぜひ送っていただきたい、⑷その他、大学の建設を推進するものであれば、いかなる計画でも歓迎する、⑸更生会の代表に沖縄に来ていただき大学設立について相談したい、⑹大学設立に関するあらゆる援助を歓迎するが、中でも更生会の寛大な援助に深く感謝する、⑺ミス・カネシロから連絡があったと思うが、大学は首里城跡に設立することが決定されている。

ミードのメモが示唆するように、軍政府側からすれば、更生会の大学設立事業は容認できないものであり、更生会は大学設立者ではなく、軍政府の協力者という存在でなければならなかった。設立の主体はあくまでも軍政府にあったのである。

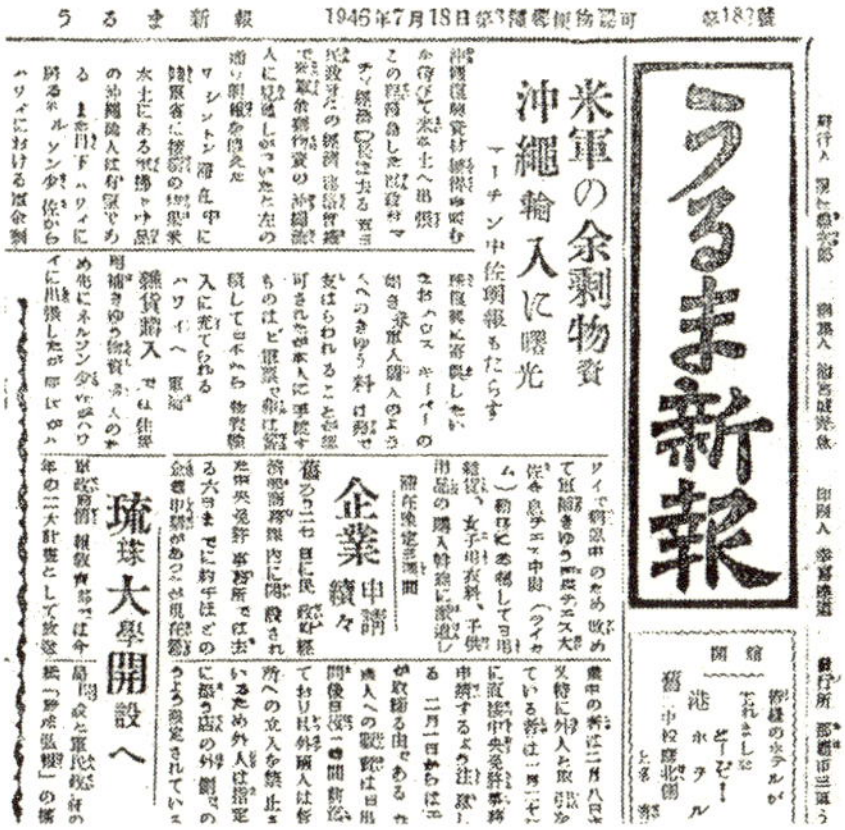
うるま新報
米軍の余剰物資
沖縄輸入に曙光
マーチン中佐朗報もたらす
企業申請續々
琉球大學開設へ

軍政府の大学設立を報じた『うるま新報』(1949年1月10日付)

湧川は、これに対して、「教育の主催者として軍部は最悪の組織だと私個人は思っている。協力しないとは言わない。場合によっては協力する。しかし、協力するからには、皆さんのもっている教育理念というものを、実際に知りたい。だから自分が沖縄現地に行って直に皆さんと話し合いたい」という趣旨の手紙を書いた。いかにも湧川らしい、歯に衣着せぬ物言いである。これに対する軍政府からの返事はなかった。交渉のために湧川が沖縄に来ることもなかった。

アーサー・E・ミード (Arthur E. Mead)

外国人で初の琉大名誉博士

琉大創立に関わったアメリカ人たちについて多くは知られていないが、ミード＝写真＝は比較的よく知られているほうである。

ミードは一九〇二年生まれで、一九四八年から一九五〇年まで軍政府情報教育部長をつとめた。その後、一九五一年から五三年まで、琉球大学の「顧問」をつとめている。一九五一年二月十九日、志喜屋学長の提案により、琉大は第二回理事会でミードに名誉法学博士号を授与することを決定、三月三日に同学位を授与している。琉大が外国人に与えた初の名誉博士号であった。

沖縄での勤務を終えると、ミードは北ダコタ州高等教育局長となった。一九六三年十一月二十五日、北ダコタ州の州都ビズマークで死去。六十一歳であった。

死去に際して、当時の与那嶺松助琉大学長はコメントを発表し、「ミード博士は情報教育部長在任中、沖縄の教育に対して深い関心を寄せられ戦後の教育の振興に力をそそいで下さいました。とりわけ琉球大学の創設に当たって尽くされたご功績は偉大なものであります」と述べている。

6　民政府が気乗りしない「色々な理由」

ハワイの更生会に対する沖縄の軍政府の対応をもうすこし見ておきたい。

これまで見てきたように、戦後いち早く大学設立構想を公表し、戦争の灰燼の中でくすぶり続けていた沖縄の青年男女の向学心をふたたび燃え上がらせたのは、『布哇タイムス』に発表され『うるま新報』に転載された更生会の大学構想であった。

うるさい存在

一九六〇年、琉大設立十周年の座談会の中でこの構想が話題になり、安里源秀と山城篤男の間で次のようなやりとりがあった。

安里「ハワイの沖縄関係者がここに大学を寄付するといった話はなかったですか」

山城「ありました。然し、それは色々な理由から民政府があまり気乗りしませんでした」

「民政府」とは、ここではUSCARのことであり、かつての軍政府のことを指す。山城は沖縄民政府文教部長として、琉大設立にいたるプロセスのほぼ全体を掌握していたはずである。山城が多くを語らない、あるいは語りたがらないのは、この時点では琉大はいまだ民政府（ユースカー）の管轄にあったからであろうか。山城の言う「色々な理由」とは何であったのだろう。なぜ、民政府は更生会が大学を設立することに「あまり気乗り」しなかったのであろうか。

一つには、大学の理念の違いがある。日本を含む占領政策の一環として沖縄の大学を構想しようとしていたアメリカ側からすれば、更生会が提唱した「沖縄人の手による、独自的、自主的大学」は歓迎できないものであっただろう。アメリカの日本占領の最大の目的の一つは日本の民主化であり、教育制度はそのための主要なターゲットであった。一九四五年以前の教育勅語に代表される軍国主義、超国家主義的な教育から、教育基本法が明示する民主主義教育への転換がその核心にあった。

沖縄占領においてもアメリカの政策は変わらない。琉大の主要な役割の一つは教員養成であり、琉大は沖縄の学校教育全体の民主化を促進するという機能が付与された大学であった。沖縄の排他的な統治を意図するアメリカ側からすれば、このような政策に介入する可能性を有する存在は排除すべき対象であっただろう。特に、「教育の主催者として軍部は最悪の組織」であると直言する湧川のような人物は、軍政府にとってはうるさい存在であったはずである。実際、湧川の言葉は、一九五〇年代に琉大キャンパスで生起することになる葛藤を予言するものとなった。

非米活動委員会

冷戦初期のアメリカでは、非米活動委員会がコミュニストを標的として調査活動を行っていた。アメリカ本土と同様に、ハワイでも一九四七年ごろから「コミュニズムの浸透」に対して社会全体がきわめてナーバスになってきていた。一九四八年、更生会の副会計であった阿嘉良雄（デイヴィッド・ヨシオ・アカ）は、ハワイにあった非米活動委員会の調査員に呼ばれ、一時間余にわたって更生会の活動について事情聴取を受けた。

阿嘉は一九一四年にマウイで生まれたが、一九二四年に沖縄に帰り、県立一中を卒業するまで沖縄にいた。帰国後、湧川のビジョンに共鳴し、ハワイの農林局経理部に勤務しながら、更生会の大学設立運動に加わっていたのであった。事情聴取のことを阿嘉から聞かされるや、湧川は非米活動委員会に自ら出かけて行き、更生会の出版物や手紙などを見せながら熱弁をふるった。その結果、更生会は疑惑を晴らすことができたと阿嘉が語っている。湧川の面目躍如たるものがあるが、冷戦が始まり、アメリカ社会が緊迫してきたことを示すエピソードである。

先述したように、ハワイの沖縄系社会では、更生会は沖縄に「モスクワ大学」を設立するのだという噂が飛び交った。そして更生会に対するこのような見方は、アーサー・ミードの耳にも達していたようだ。一九五一年、創立されたばかりの琉大に事前調査に来たミシガン州立大学教授ミルトン・ミ

沖縄から到着した留学生たちを迎える沖縄救済更生会の湧川清栄氏（右端）
〈『アメリカと日本の架け橋・湧川清栄』より〉

ルダーは、同大ハンナ学長におおむね次のように報告した――（1）ハワイの沖縄系コミュニティに共産主義が浸透しているという、（2）琉球からの留学生に対するオリエンテーションの際に、「アメリカ合衆国における資本主義的抑圧」に言及する沖縄系コミュニティの指導者たちがいた、（3）この情報は、那覇空港を離陸する直前、飛行機のエンジンの轟音の中でアーサー・ミード氏から伝えられたことであるが、時間がなくてくわしいことは聞けなかった……。

教育の実権をめぐる対立

「沖縄系コミュニティの指導者たち」とは、湧川が幹事となっていた更生会の指導部を指していたのではなかったか。ハワイの沖縄系知識人には、沖縄の歴史に根ざした反骨精神があった。謝花昇や当山久三の流れがハワイでも受け継がれ、その流れの先端に湧川が位置していた、と考えることもできるはずである。湧川の直言にラディカルな批判精神を感じ取ったことも、民政府が更生会の構想に「気乗り」しなかった理由の一つであっただろう。

更生会が構想した大学は、ハワイ大学が一つのモデルとなったアメリカ型の大学であり、基本的には軍政府構想と大きく異なるものではなかった。葛藤の焦点となったのは、誰が大学を管轄するか、どのような高等教育を沖縄で実現するかということであった。つまり、これは教育の実権をめぐる対立でもあったのである。

阿嘉良雄のラジオ放送

寄付訴え連絡先を連呼

阿嘉は県立一中を一九三四年に卒業、同年マウイ島に帰り、一年ほど日本語学校で教えた。いわゆる帰米二世である。戦後は更生会の中心メンバーとしてさまざまな仕事をこなした。例えば、一九四七年十一月九日、阿嘉は湧川が担当していた日曜朝のラジオ番組に出演、一世を対象に日本語で大学設立のための協力を呼びかけた。その原稿の一部を引用しよう。

――「父母の郷里である沖縄の惨めな姿を想像し、あるいは聞かされますと、私ども二世でさえも沖縄の救済のために働かざるを得ないのであります。……沖縄に大学の一つでもあったならば、希望を抱いてそれに馳せ参じる学生は多数居るものと思います。将来の沖縄を背負って立つ、これらの青年達を見殺しにすることは、沖縄にとって一大損失と言わねばなりません。……特に一世の皆さんにお願いします。率先して沖縄救済更生会の寄付募集に応じてください。更生会の事務所はカピオラニ街六五七番、六五七番、タイムスグリル建物内であります。電話は五三三〇一、五三三〇一であります……。

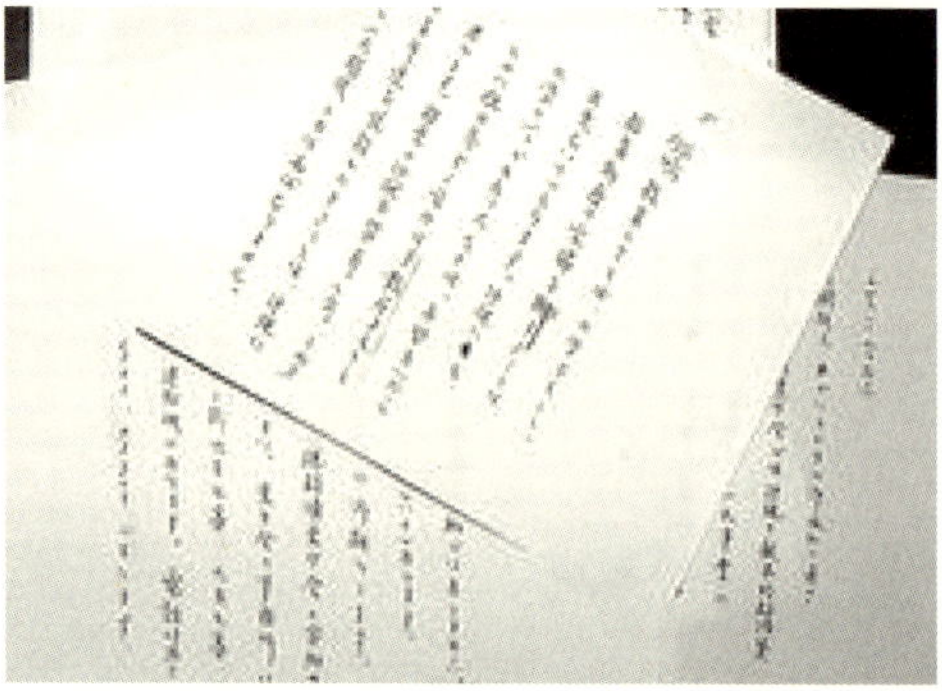

7　玉代勢法雲と軍部の交渉

一九四九年一月二十七日、沖縄知事志喜屋孝信と文教部長山城篤男は連名で湧川清栄に書簡を送った（文責は山城）。山城は、沖縄復興全般に対する更生会の援助や留学生派遣、そして大学設立案に対して「満腔の敬意を表したいと存じます」と述べた後、次のように書いた。

湧川あての書簡

「大学の設立は軍文教部長 Mr. Mead の下で立案せられ全琉球の事業として進んでおります。山城が民文教部長としてその交渉に当たって居ります。これに関し、東京のマ司令部内琉球局長ウェッカリング准将が沖縄に滞在せられることになり、その内諾を得て首里城一帯を大学敷地に決定いたし民政府及び首里側も了解し一日も早く実現されることを望んで居ります」

ウェッカリングは四八年九月と十二月に沖縄を訪問していた。山城とアーサー・ミードの案内で首里城跡を視察したのは十二月で、その際に城跡とその周辺を大学の敷地とすることが決定された。

山城はこの書簡で大学運営のありようにも言及している。

「沖縄、大島、宮古、八重山各政府の協調理解を必要とすると思います。何分空前の大事業で相当の経費も予想されるが当分軍政府で支弁とはいうものの将来に於いては全琉球の民政府負担となる事は申すまでもありません。私思うにこの点から見て貴会の御後援を得なければ立派な発展は困難かと存じます。この点については軍政府の計画及び予算とにらみ合わせて貴会の御協力と御援助を得たいと切望しております。教授陣の俸給や生活援助、図書館設備等も大きな問題です。学部は初め師範学部と農学部に重点を置くらしく見えます」

軍政府側の大学案が姿をあらわしてきているのがわかる文面である。また、予算や将来の大学運営について、志喜屋や山城が不安を抱いている様子も手にとるようにわかる文章でもある。さらに、山城は、この書簡で更生会の代表が沖縄で軍政府側と「現地協議」をすることを要請し、すでに軍政府文教部長の内諾を得ていることを伝えた。先に引用したアーサー・ミードの湧川あてのメモは、山城の提案を受けて書かれたものであった。このメモがきっかけになって、軍政府と更生会の葛藤が表面化したことはすでに紹介したとおりである。志喜屋と山城の連名による書簡は、環太平洋の沖縄系ディアスポラの大学設立運動に対する沖縄側の敬意と期待、そして細心の配慮が感じられるものであった。

玉代勢法雲の沖縄訪問

しかし、更生会を代表して軍政府との交渉の席についたのは湧川ではなく、玉代勢法雲であった。その自叙伝『遠慶宿縁《おんきようしゆくえん》』（一九五三）によれば、玉代勢は明治十四（一八八一）年那覇に生まれ、明治二十三年の秋に九歳で出家、京都の東本願寺などで修行をした人物である。大正九（一九二〇）年、ハワイ東本願寺に「永久土着の目的」で家族と共に開教使として赴任、昭和十一年にはオアフ島にあるマカレー東本願寺の住職になっている。玉代勢は、四七年一月、湧川の自宅に集まり更生会を設立した十名のうちの一人であった。

玉代勢法雲

一九四九年二月、ハワイ在住の日本人に対して、戦後初めて六十日間に限って日本への旅行が許可されるようになった。玉代勢は、同年四月に京都で開催された「蓮如《れんによ》上人四百五十回御遠忌《ごえんき》」に参加するために来日、六十日間滞在したが、その中の十日は沖縄訪問にあてた。「我々の企画する沖縄大学と軍部の計画する琉球大学が同じか異うかを確かめる必要がある、それがためには是非現地に行って話し合う必要があるという考えから」、玉代勢は更生会顧問という資格でGHQに「琉球行き」を申請した。GH

Ｑではレイモンド・Ｙ・アカ（阿嘉良弘）が便宜をはかってくれた。

五月十五日、玉代勢は羽田から那覇に飛び、翌十六日には志喜屋、比嘉秀平、山城篤男らとともに「軍部の要人」と会見した。玉代勢はこの話し合いについて、「大学問題を議しましたところ、彼我の意見全く一致し、軍部の手で大学を建設、ハワイはこれを応援するという諒解を得て私の使命を全うしました」と書いている。この後、玉代勢は沖縄各地を視察し、二十五日に羽田に戻った。玉代勢は、その自叙伝に、沖縄は「再び立ち上がる勇気があるかとさえ疑われる位、まことに痛ましく惨憺たる有様でありました」と書き、「ふるさとの焦土に立ちし暑さ哉」という俳句を添えた。

軍政府との話し合いで大学創立の様子が明らかになり、双方の協力についてもおおまかな合意ができたが、それでもなお、湧川にアメリカ軍政府と交渉の席につくことを求める声があった。又吉全興はハワイ島ヒロに住む医師で、更生会の特別顧問であった。その又吉が湧川に手紙を送り、「湧川学兄……矢張り一度直接に貴兄が行かねば軍政府との交渉も進まぬのではないかと思われますが如何でしょうか。近い内に渡航する準備はされていますか」と書いてきた。

又吉は、シカゴ、コロンビア、ハーバードなど、アメリカの一流大学で教鞭を取り研究をした湧川の交渉力に期待していたのである。だが、自ら描いた大学の夢の行方を見通していたかのように、湧川がホノルルから動くことはなかった。

レイモンド・Y・アカ

憲法草案作成にも貢献

レイモンド・Y・アカ（阿嘉良弘）(一九一五—二〇〇六)は、デイヴィッド・アカ（阿嘉良雄）の弟。マウイ島ワイルクで生まれ、沖縄一中を卒業した帰米二世である。レイモンドはハワイに戻った後ハワイ大学に入学、一九四一年九月、真珠湾攻撃の三ヶ月ほど前に徴兵された。米軍では日本語教官として勤務、除隊後はGHQでシビリアン（民間人）の通訳として活躍した。

『ホノルル・スター・ブレティン』紙は、阿嘉の追悼記事（二月二十五日）で、阿嘉が戦後の日本国憲法草案の作成や選挙改革に貢献したと報じている。四七年から八九年まで東京のアメリカ大使館に勤務、日米の相互協力・理解に尽力したとして、八六年に旭日章を授与されている。戦後の日米関係ではバイリンガルの帰米二世たちが活躍したが、レイモンド・アカはその中でもずば抜けた語学力で知られた。

玉代勢法雲がGHQに沖縄行きの申請に訪れた際に、阿嘉は琉球局長のウェッカリング准将に紹介状を書いている。表には出ないが、沖縄の戦後復興にも尽力した。

世界のウチナーンチュ大会に出席したレイモンド・アカ＝2001年11月

8　高校生の大学設立運動

一九四八年秋、知念高校生徒会長であった安次富長昭は、生徒会役員四、五人と公営バスに乗って名護に向かっていた。役員の中には女生徒も含まれていた。「バス」と言っても、米軍の二トン半トラックを改造したもので、当時はこのような「バス」が白いほこりをまき上げながら沖縄中を走っていた。

全琉高校自治会長会議

安次富らは、名護高校で開催されることになっていた全琉高等学校自治会長会議に参加するため、二泊三日の予定で名護に向かっていたのであった。名護高校では毛布にくるまって校舎で寝た。食事は名護高校の女生徒たちが用意してくれた。辺土名高校からは、のちに琉大で英語学を教え、それから大阪大学教授になった成田義光や、沖縄県教職員組合委員長をつとめた福地廣昭らが参加していた。

会議は民政府文教部の呼びかけで開催されたものであった。この会議には文教部長の山城篤男も参加していて、山城はそこで高校生のリーダーたちに大学設立の計画が進んでいることを伝えた。その話を聞いて初めて、安次富は大学が設立されるということを知った。この後、自治会長会議では大学設立のための募金運動を展開しようという提案がなされ、高校一校につき、一定額の割り当てが決められた。

安次富は、首里高校、那覇高校、糸満高校、知念高校の四校で組織されていた島尻地区高等学校生徒会連絡協議会の会長でもあった。名護から戻ると、安次富はすぐに知念高校で協議会の総会を開催し、大学設立促進と募金運動促進の決議をした。

北山高校

このように高校生たちも募金運動を始め、大学設立促進運動をしたわけだが、当時すべての高校が募金運動を行い、大学に学生を送り出す状況にあったわけではない。当時の高校教育はどのような状態にあったか。例えば、一九四八年九月に今帰仁村に設立された北山高校を見てみよう。当時の校長であった赤嶺康成と教頭の田港朝明が、連名で湧川清栄と更生会顧問小波津幸秀に宛てて手紙を書き、「北山高等学校の設立認可」について報告している。湧川と小波津は今帰仁村出身であった。一九四八年七月二十五日付けの書簡で、赤嶺と田港は、更生会の大学設立運動に教育者として共感し感謝すると述べたあとで、次のように書いている。

安次富長昭氏

「軍政府により許されている予算は実に人件費のみで、其他、校舎の建築、校具、教具等の学校の備品、消耗品に対する予算は一切支給されません。凡ては、村又は学校に於いて支弁しなければなりません。本校も今帰仁村が主体となって敷地の買収、建築資材等、ことごとく村民の負担でやっております。幸い教育愛に燃えている全村民は、子弟の教育のために、積極的に費用の負担、資材の供出に協力して下さって、工事は目下着々と進捗して九月一日の開校を目標に総力を発揮してやっておりますことは何と心強いことでありましょう」

しかし、当然のことながら、情熱だけでは教育は実現されない。赤嶺と田港は、先の文章に続けて次のように書いた。

「学校の経営が学校自体に一任されている関係上、学校により質的内容は種々でありまして、児童生徒には、教科書も不十分であり、参考書も学用品もない状況であり、職員も参考書を入手できない有様であります。理化学の実験器具、ピアノ、オルガン、ミシン、タイプライター、謄写器具等、校具、教具も何もなく、不自由な中で勉強している次第であります」

このような状況で、赤嶺や田港を支えていたのは教育者としての使命感だけであった。

「我々は決して落胆していません。どんな困難が前途に横たわっていても我々は之を克服して一路教育再建のために努力精進を怠りません。我々は次代を背負うべき児童生徒の教育に専念致し斯道《しどう》の向上発展のために奮闘することを御誓いいたします」

知念高校

新設の北山高校はこのような状況であったが、安次富が通学していた知念高校は一九四五年十一月に設立され、軍・民政府のお膝元の親慶原にあったこともあり、当時の沖縄では充実した高校の一つであった。この時の知念高校の校長は名護高校から転任してきたばかりの屋良朝苗で、当時四十八歳、屋良はエネルギッシュでカリスマ的指導者として知られた。一九四九年一月上旬、集まった募金を持って、安次富は副会長の大城浩ら生徒会役員四、五人で軍政府を訪ねた。屋良とのちに琉大国文の教授になった湧上元雄が同行した。

軍政府文教部ではアーサー・ミードやヘンリー・E・ディフェンダーファーに会い、募金を手渡した。山城篤男が同席していた。それから、ミードやディフェンダーファーや山城と一緒に車で首里城跡に行き、ここに大学ができると言われた。工事用のブルドーザーはまだ入っていなかった。首里城正殿跡近くにある小高い場所に立って周囲を見渡すと、城跡は瓦礫の山で、御庭《うなー》から守礼門あたりまで、艦砲の穴だらけであった。

円覚寺の周辺には教員宿舎ができると言われた。円覚寺総門は艦砲で吹き飛ばされ、総門の奥に安置されていた一対の仁王像がバラバラになって転がっていた。子供の頃に見た仁王像の堂々とした姿が思い出された。龍潭のまわりの樹木は戦火に焼かれて立ち枯れていた。

砲火で焼き尽くされた首里城周辺（『琉球大学 50年史写真集』より）

高校生の募金運動

開学までに十八万七千三百八十一円（B円）

沖縄の高校生は、一九四九年に当時のB円で八万五千五百五十七円を大学建設資金として寄付、国頭地区二万一千円、中頭地区一万二千円、そして島尻地区が二万二千円を拠金したと言われる。

大学に対する寄付は、高校生だけでなく一般からも寄せられ、一九五一年二月の開学式典までに総額で十八万七千三百八十一円（B円）に達したという。

当時、軍政府と民政府は現在の南城市佐敷字新里の上方の高台にあり、知念高校は道向かいにあった。安次富ら生徒会役員は歩いて軍政府に行き、募金を届けたのである。

八重山地区は、四八年、八重山学生連盟が琉大の工事費のために一万円を募り、八重山民政府の大濱副知事が所用で那覇に来た際に、軍政府にミードを訪ねて募金を手渡している。大濱が八重山地区では引き続き第二次募金運動が始まっていることを伝えると、ミードは、琉大の教授陣は米国や日本からも招聘し充実されるので、将来に期待してもらいたいと述べたという。

募金活動をした安次富長昭氏（左端）ら知念高校自治会メンバー＝ 1949年1月ごろ（安次富長昭氏提供）

9　更生会の解散

一九四九年一月二十七日、志喜屋孝信と山城篤男が連名で湧川清栄に書簡を送り、軍政府による大学設立計画が進んでいることを報告したのは、安次富長昭や知念高校の役員たちが募金活動で集めた寄付金を軍政府に届けた後のことであった。また、玉代勢法雲が軍部と交渉し、相互の協力を確認したのは、安次富らが軍政府を訪ねた四カ月あとの五月十六日のことであった。

水面下で進められていた沖縄の軍政府による大学設立案の全貌があらわになると、大学設立に協力する姿勢は崩さないものの、一九四九年後半までには更生会の運動は急速に勢いを失っていった。湧川も「もうここいらで手を引いたほうがよかろう」と考えた。しかし、他の島の支部が活動をやめる中で、オアフ島の更生会本部だけは五四年頃まで総会を開催していた。

「更生会はなにをやったか」

一九五一年になると、財団法人沖縄救済更生会が発行していた『更生沖縄』は、新聞の形態ではなく、手書きのガリ刷りのものになっていた。五一年七月十五日に発行された『更生沖縄』第四号は、表紙に二隻の進貢船が手描きで描かれている。幹事は湧川であったが、編集人は吉本増英に代わっている。この四号に吉本は序文を書き、次のように更生会の活動をふりかえっている。

「我らは終戦とともに、沖縄の復興は人材の教育からとスローガンを掲げて琉球大学の創立を計画した。当時は夢物語と反対する人もいたが、これが実現した今日、反対者は転向して協力者となっている。それから学生や教員が自暴自棄になっていた頃、更生会が留学生招聘を発表するや暗夜の燈火となり、試験の合格者は勿論、選にもれた者も次の機会に希望をもち、良薬の注射以上に元気回復となった」

これは更生会の功績を簡潔に述べたものである。五号五頁には、「沖縄救済更生会はなにをやったか」という見出しのあとに、その主要な事業として、⑴琉球大学創立運動、⑵留学生招聘、⑶琉球大学図書館への図書の寄贈などをあげている。また、「更生会は何をやりつつあるか」と書き、⑴最後に残った留学生（伊藝諒寛氏）が米大陸にいるので学費を送っている、⑵琉球大学図書館に図書を新しく寄贈するために荷造り中である、⑶沖縄救済復興連盟の幹事として、沖縄から来る人々の歓迎や世話をやっている、と報告している。

更生会が招聘した五人の留学生のうち、島袋文一、伊藝諒寛、端山敏経はハワイ大学から米本土へ転学、ハワイに一年学んで沖縄に戻った瀬長浩は琉球列島貿易庁に就職、のちに琉球政府行政副主席に就任した。島袋文一は農学を専攻して琉大の教員となり、伊藝諒寛は物理学を学んでのちに琉大教養部長になった。端山敏経は沖縄銀行を経て東京の文教商事社長を務め、敏腕を発揮したという。長嶺文雄は、琉球電力公社の専任役員となり、県工業連合会の会長を務めた。戦後沖縄社会のリーダーの養成という点で言えば、更生会は所期の目的を十分に達成したのである。

「孤高の人」

デイヴィッド・Y・アカ（阿嘉良雄）は、二〇〇〇年十月十五日の筆者とのインタビューで、湧川は「孤高の人」であり、「ビジョンの人」であったと評した。沖縄に史上初の大学を創立することの難しさ、特にそれが財政上きわめて大きな重荷となることをもっともよく理解していたのは湧川であった。だから、湧川は、大学設立運動を環太平洋の沖縄系ディアスポラの運動として位置づけ、大学の創立に奔走したのだという。

湧川は、その著書『当山久三伝――沖縄解放の先駆者』（一九七三）の中で、当山を評して「先駆者の行く手に光を照らすのはいつの時代にも彼自身以外には居らないのである」と書いた。この文章を書いたとき、湧川は自らの姿を当山とかさねて見ていたのかもしれない。戦争の灰燼の中に埋もれようとする沖縄の青年男女の夢をすくい上げ、大学創立と留学生招聘という「二大事業」で沖縄の未来に光をあてて見せたそのビジョンは、終戦直後の沖縄社会を鼓舞した。

更生会の「二大事業」は、高等教育を希求する沖縄人の力を結集し、沖縄を統治していたアメリカ軍政府にもインパクトを与えたものであった。軍政府の手により最終的に設立された大学は、ジュニア・カレッジではなく、れっきとした四年制の総合大学であった。それは湧川たちが描いた大学像とさまざまな点で類似していた。更生会のビジョンは、軍政府の大学設計や、一九四九年から始まった軍政府による米国留学事業にすくなからず影響を及ぼしたはずである。

アメリカに留学した後、琉大教員となりオリエンテーションで説明する島袋文一氏（右奥、ナンシー新島氏提供）

琉球大学創立をめぐる歴史の中で、更生会の運動はほとんど言及されない。しかし、先に紹介した「ハワイ大学の父」と呼ばれたヤップ氏のような人物が、ハワイ沖縄系移民の中にも存在したことを確認することは、沖縄の高等教育史だけでなく、戦後沖縄社会を理解する上でも必要なことであるように思われる。沖縄史上初の大学は、アメリカ軍政府の政策だけでなく、環太平洋規模で展開された設立運動のうねりの中から誕生したものであることも、あらためて確認しておきたい。

財団法人沖縄救済更生会は、一九五〇年代半ば、その役割を終えて解散した。

更生会と留学生

「高邁な趣旨に沿うべく」

更生会は、カリフォルニアのレッドランド大学で学んでいた伊藝諒寛を最後まで支援したが、その援助は必ずしも潤沢なものではなかった。そのため、伊藝＝写真＝は家賃月六十ドルの地下室の部屋に住んだ。一九五〇年一月三十日、伊藝は湧川に手紙を送り、このように報告した。

「いま、学期間の休み中なので……イチゴ畑の葉むしり仕事をしています。三、四月頃からイチゴ摘みが始まり、夏中ずっとその仕事が続くそうです。夏休みにはイチゴ摘み（時給八十仙）の仕事がいくらでもあるそうです。だいぶ学資を得ることができると思います」

オアフの更生会本部が活動を続けたのは、一つには伊藝を最後までサポートするためであった。伊藝は一九九二年三月に琉大を退職、その年八月の講演で、琉大在職中は「ハワイの方々の高邁な趣旨に沿うべく、近代科学の基礎分野で地元の青年の育成に努めたとふりかえり、「ハワイの沖縄系移民の方々に心底から感謝と敬意を表します」と述べている。

III

開学

1　ウェッカリング准将の首里城跡訪問

話をすこし戻して、琉大開学に向けた沖縄での動きを見てみよう。

一九四七年一月、極東軍総司令部が設置され、琉球はフィリピン・琉球軍司令部のもとにおかれたが、四八年五月からはマッカーサー総司令部琉球局の管轄となった。新しく琉球局長に就任したジョン・ウェッカリング（John Weckerling）准将は、四八年九月、「琉球の状況、人民の実生活、復興の必要条件」を視察するため来島している。九月十三日、民政府渉外局室で沖縄知事志喜屋と会見したウェッカリングは、「今度はじめて沖縄訪問をした。自分は朝鮮に二年半、日本に八年間いたことはあるが、琉球にははじめてであるから、これから研究したい」と述べた。

十二月三十日、志喜屋は二度目の沖縄訪問をしたウェッカリングと軍政府で会談した。ウェッカリングは、東京で琉球舞踊を見たと話したあとで、「二月はワシントンに三月まで滞在し、四、五月頃に全琉球列島を一ヶ月の予定で視察します。これらの資料を持って議会へ予算獲得に行く」と志喜屋に告げた。これには、当然、大学設立のための予算も含まれていたことだろう。

首里周辺で選定作業

ウェッカリングの二度目の沖縄訪問の前に、山城篤男とアーサー・ミードは大学敷地を選定するために首里周辺を視察した。軍政府側は、最初、現在の首里高校と観音堂の間にある土地を提案してきた。見晴らしのいい場所であった。しかし、山城は「そんな狭いところに大学はたてられない」と反対した。「狭小にすぎる土地」であった。それから、現在は厚生園がある石嶺の敷地にも行ってみた。ミードは那覇に適当な土地はないかときいた。適当な場所はない、と山城は答えた。それから、もっといいところがあると言って、山城はミードを首里城跡に案内した。ミードは「これは素晴らしい所だといっぺんにほれこんで」しまった。あとは、ウェッカリングの来島を待って話し合い、最終的な決定をするだけになった。

ウェッカリングが来島するほぼ三ヶ月前の十月一日、民

大学設立を計画した琉球列島米国軍政府＝1946年ごろ（安次富長昭氏提供）

政府の部長会議で、山城は大学敷地は「首里城址」に決定したと報告している。これは、軍政府側との話し合いで敷地についてはすでに内諾を得ていたことを示唆する。

大学敷地決定

十二月三十日、ウェッカリングが来島すると、山城は又吉副知事、歴史家の島袋全発らとともにウェッカリングを首里城跡に案内した。志喜屋は体調不良で同行しなかった。軍政府側から来たのはウェッカリングとミードの二人だけであった。島袋の首里城一帯の歴史の説明に耳をかたむけていたウェッカリングは、「ここが琉球の政治と教育に縁の深いところであることに着目し、大学を設立するのにふさわしい所であること」に同意、ここを大学敷地とすることを決定した。

首里城跡の使用については、民政府部長会議でさまざまな意見が出ていた。すなわち、(1)公園にして観光地化する案、(2)行政府を城跡にもってくる案、(3)文化的な事業に使用する案などが提案された。この後、知念地区にあった民政府の野外で、首里城跡の利用について「民衆の討議会」が開催された。山城は、「祖先が築いた政治文化の中心を是非、大学のために使おう、もしそれ以外の施設に使ったら、後日、子孫のそしりをまぬかれないだろう」と発言、結局、首里城跡は大学敷地として使用することがもっともふさわしいということになった。

ウェッカリングの同意を得ると、山城はミードとともに首里市長兼島由明と話し合い、首里市議会の承認も得て、城跡を大学敷地として借り受けることにした。さらに、円覚寺跡やハンタン山が尚家の尚裕氏から寄贈され、大学敷地が拡大された。大学キャンパスが最終的に決定されると、ミードを中心として大学の設計が急速に進展し始めた。山城は、翌四九年三月三日の民政府部長会議で、「琉球大学について、案を作って皆様にはかる」と発言している。

一九四九年四月十六日、『スターズ・アンド・ストライプス』紙は、「琉球諸島に初の大学建設」の見出しで、首里城跡の二十五エーカーの土地に琉球諸島初の大学を建設するとウェッカリング准将が発表したと報じた。

記事は、大学建設には一千万円の資金が必要であり、その資金は住民の税金、寄付、占領地域救済資金（いわゆるガリオア資金）からの支出に依存することになると軍当局者が語ったと伝えている。高校生が「五万円」の募金をしたことにも言及している。また、すでに敷地の整地が終わり、大学全体の整備には二年かかるが、最終的な学生数は千名を予定、大学の名称は“University of the Ryukyus”に決まったと報じている。さらに、大学には農学部や工学部を設置、学長を一人置くとし、大学の施設には運動場や六棟の伝統的な建築様式を取り入れた教室が含まれるとしている。

首里城跡では、四九年一月にブルドーザーによる地ならしが始まり、本館、教室、そして図書館が六月八日に起工されることになっていた。

ウェッカリングの視察

沖縄側が復興援助を要請

一九四八年九月のウェッカリングの沖縄視察は総勢十人、経済専門のフレミングをはじめとして、さまざまな分野の専門家が含まれていた。この会見に同席したのは、軍政府から三人、沖縄民政府からは志喜屋以下全部長、奄美大島、宮古、八重山の「南北琉球代表」であった。

沖縄側はこれまでの米国からの援助に感謝を述べ、復興のためにさらなる援助を要請した。これに対し、フレミングは、「戦前の沖縄の状況は自立の精神に富み、勤勉で外国の援助なくしても立っていた」と指摘し、「こういう優秀な住民を充分働かせて戦前のような状態にいたらしめたい」と述べている。

志喜屋は、沖縄本島の人口が帰還者などのために五十二万人になっていることを指摘、「沖縄だけでは自給は困難。早く移民を出したい」と発言した。八重山代表は、八重山に未開拓の土地が残っている原因はマラリアにあると指摘した。これに対し、フレミングは「西表をいやがるわけは何か」、「マラリアはすでにないと言っている」と発言している。大島代表は、日本との貿易を復活していただきたいと述べた。

ウェッカリング准将の来島を伝える『うるま新報』(1948年9月17日付)

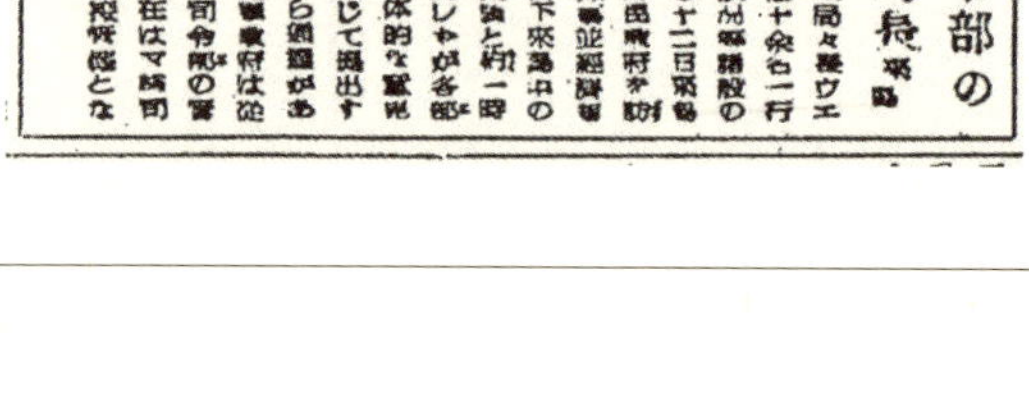
マ司令部の琉球局長来島

2　琉球大学という名称

先に述べたように、一九四九年一月十日付『うるま新報』は、「琉球大学」の開校をめざすという軍政府の方針を報道した。これは、ウェッカリングの首里城跡視察からほぼ十日後のことで、新しく設立される大学の名称を「琉球大学」とすることが、軍政府情報教育部内で決まっていたことを示唆する。ただ、この報道は、大学の詳細については触れないで、大学設立はその他の計画の一つとして扱われている。"University of the Ryukyus" という英語の大学名とともに、大学設立の詳細が報道されたのは、前述したように、同年四月十六日付けの『スターズ・アンド・ストライプス』紙上でのことであった。

奄美含む琉球列島――ランド・グラント大学の理念

ハワイの更生会や、山城篤男らの沖縄民政府指導層は、大学名は「沖縄大学」になるということを前提に、大学設立に向けて動いていた。それが「琉球大学」になった経緯について、「創立時代

琉球大学開学時のスタッフ。前列中央がジョン・グリフィン・チャプマン氏＝琉球大学本館前（ナンシー新島氏提供）

を振り返って――十周年記念座談会」（『十周年記念誌』、一九六〇年）で、山城篤男がこのように述べている。

「最初は、私は沖縄大学という名称を主張しました。今になって、慣れたら、琉球大学は堂々たる名前ですが、あの当時は琉球というといい感じはしませんでした。軍政府側は大島を含むから沖縄大学じゃおかしい、琉球大学にしなさいという言い分でした。歴史的にはそのほうが良いといってね」

山城の「あの当時は琉球というといい感じはしませんでした」という発言の背景には、近代日本の中で「琉球」に向けられた差別や偏見のまなざしがあり、この言葉からは「古代」や「未開」のイメージも連想されたのであろう。大学は近代文明をもたらすものであり、名称もそれにふさわしいものでなければならないと山城が考えたとしても不思議ではない。山城は、明治二十一年（一八八八）生まれ、琉球併合に続く皇民化教育の中で、「琉球」という言葉のはらむ否定的な意味をたっぷりと体験した世代の一人であった。

軍政府側の主張は、簡単に言えば、新しい大学は奄美大島を含む北緯三〇度以南の琉球列島のために設立するものであるから、「沖縄」ではなく「琉球」の大学にすべきだということである。これは、軍政府側の担当者に言わせれば、地域に奉仕することを目的とするアメリカのランド・グラント大学の理念を反映するものでもあった。開学当時、英語学部教授で大学の事務局長でもあった翁長俊郎は、大学の英語名称について、「University of the Ryukyus となるのは琉球列島を意味しています。大島も含めたのです」と座談会で指摘している。翁長によれば、大学の英語名は、当時、軍政府から琉大に「顧問」として派遣されてきたジョン・チャプマンの書類にそのように書かれていたという。

GHQの意向

座談会に出席していた仲宗根政善は、大学の名称について、「各知事からの提案でもあったのでしょうか」と質問している。これに対して、山城篤男は次のように答えている。

「それについて、設立の前に、各知事に提案して公式にやってくれと何度も言ったのですが、不思議に何の提案もありませんでした。本当なら、そうすべきだったんです。宮古、八重山、大島とね。軍政府の手の中にあったので、はっきりした意図は解りません」

開学当初は、学生便覧などで“Ryukyu University”という名称も用いられている。また、ミードは、ある報告で“Shuri University”という名称を使っている（コラム参照）。しかし、結局は、“University of the Ryukyus"という英語名が定着し、現在に至っている。すでに述べたように、『スターズ・アンド・ストライプス』紙のウェッカリングの発表を伝える記事にはすでにこの名称が使われている。大学名はGHQの琉球局のレベルで決まったものであり、軍政府から派遣されていた「大学顧問」のチャプマンは、この決定を伝える実務的な仕事をしたのであった。

ジョン・グリフィン・チャプマン(John Griffin Chapman, 1895—1963)は、琉大創立に際して重要な働きをした人物である。英語学部教授であった外間政章によれば、戦前は九州の西南学院で教えていたことがあり、「日本の事情にも通じていたので琉球大学の顧問として派遣された人物である」という。大学組織についても豊富な知識を有し、琉大の最初の便覧を編集し「序文」を書いたといわれる。『西南学院70年史』によれば、チャプマンはアメリカ南部バプテスト教団から派遣され、妻のヴェシーとともに一九二一年から二六年まで旧制西南学院高等学校で英語を教えている。西南を去った後のことは不明であるが、戦後は日本での経験をもとに琉大の創設に加わったのであろう。

山城篤男の「軍政府の手の中にあったので、はっきりした意図は解りません」という発言は、大学の名称にこめられた意図について、当時は十分な説明がなされなかったことを示唆する。「琉球大学」という名称と、その名称に込められた意図を理解するためには、アメリカの大学制度の理解が不可欠であるように思われる。

アーサー・ミードの琉球人観

聡明で知識欲あり

一九五〇年五月二十五日、首都ワシントンで占領地域の教育事情に関する会議が開催された。五月二十二日に琉大の入学式を終えると、アーサー・ミード＝写真＝はワシントンに飛び、琉球列島の教育事情について報告した。会議の概要は、アメリカ教育評議会発行の『日本と琉球における教育の発展』（一九五〇）と題する冊子に記録されている。

この報告の中で、ミードは、琉球の人々は⑴聡明で心理的に安定

していて、⑵知識欲があり、⑶社会には犯罪もすくない、と評価している。同時に、評価できないこととして、⑴四千年続いてきた文化の不可変性、⑵時間の観念、⑶メンツにこだわること、⑷古くからの祖先崇拝が進歩の妨げになっていること、などをあげている。

また、ミードは、「琉球列島初の大学“Shuri University”」に情報センターが設置されたと報告している。これはあきらかにタイプミスであろうが、軍政府側が大学設立案を練っている段階で、「首里大学」という名称も提案されたのかもしれない。

ランド・グラント大学

軍政府側は、新しい大学は、奄美大島を含む琉球諸島全体を対象として設立されるものであるから、「琉球」という名前がふさわしいのだと説明した。先にすこし触れたが、このような大学観の背景にあるのは、アメリカの「ランド・グラント大学」の理念である。

一九四八年、アーサー・ミードの下で軍政府教育部副部長を務め、五二年から五七年まで教育部長を務めたディフェンダーファーは、「(大学設立にあたって)われわれが具体的に考えていたのは(アメリカの)ランドグラント・カレッジの理念であった」と、宮城悦次郎とのインタビューで回想している。

アメリカの高等教育制度は、南北戦争のさなかの一八六二年七月二日、リンカーン大統領が「モリル国有地譲与法」(ランド・グラント法)に署名し、この法律が発効した瞬間に劇的に変化したと言われる。この法律は、ジャスティン・S・モリル議員の発案によるもので、連邦政府が各州選出の上院議員と下院議員一人につき、三万エーカーの公有地を各州に譲与し、その売却利益により大学を設立するというものであった。売却利益の一部は大学用地の購入にも使われた。このような大学は、公有地を無償で提供されるかわりに、地域に教育と研究の成果を還元することを目的とするもので、具体的に言えば、農業国としてのアメリカの地域社会に、農学や工学技術を中心として高等教育の成果を浸透させようとするものであった。

ランド・グラント大学は、(例えば十九世紀までのハーバードのように)ギリシャ語やラテン語などの古典教育に重きをおき、特定の社会階層に奉仕するような「象牙の塔」ではなく、地域のニーズに応える「実用的な分野」を重視し、地域社会や大衆に開かれた高等教育を理念として設立された大学であった。これにより、富裕層の白人男性に独占されていた高等教育が、女性、有色人種、労働者階級、移民、マイノリティに開放された。つまり、アメリカはランド・グラント法により大衆高等教育を実現したのであり、その根底には、だれでも、どんな分野においても、教育を受けられる大学という、アメリカ民主主義の理想があったと言われる。琉大は、このような大学をモデルとして創立された大学であった。(ちなみにいえば、首里城跡は大学創立後に当時の首里市や那覇市から琉大に寄贈されている)。

ジャスティン
S・モリル議員

GHQの意図

開学当初、「琉球大学」という名称には、複数の意味または意図がからんでいたと言われる。一つは、琉球諸島という地域社会に教育・研究の成果を還元することを目的とする大学、あるいは民主主義の理念に基づく琉球諸島の大学という意味である。激しい地上戦で破壊され尽くした社会を、高等教育の力で復興しようということであり、これはトップダウンの政策というよりは、沖縄側のグラスルーツの運動から生まれ、アメリカ側も共有した目標であった。

しかし、アメリカ軍政府が「琉球」という言葉にこだわった背景には、当然のことながら、政治的、軍事的背景があったはずである。いわゆる「分離政策」と呼ばれるものである。「沖縄大学」という名称を初めて提唱し、ハワイで大学創立運動に取り組んだ湧川清栄は、「ハワイ沖縄県人のアイデンティティ」と題する一九八八年の講演で、アメリカ軍部の政策について次のように述べている。

「出来るだけ沖縄と日本を引き離そう、沖縄を引き離していつまでもアメリカの支配下に置いておこうというのが、アメリカ軍部の政策だったわけです……。沖縄に初めて大学が出来たときに、『琉球大学』という名前をその大学につけた。沖縄現地の人たちは『沖縄大学』という名前にしたかったわけなんです……。なぜ沖縄ではなく琉球という名前をつけたかといくと、琉球とすれば昔の琉球、独立国当時の琉球というものが、頭に浮かんでくる。そういう、言葉の面でも、沖縄と日本を引き離そうとアメリカ軍部は盛んに努力したわけなんです」

アメリカの沖縄統治についてすぐれた研究を残した宮城悦二郎は、「米軍側には琉大が沖縄独自のアイデンティティーを育て、米統治に協力的な人材を育成する場になってもらいたいという期待はたしかにあったと思われる」と述べている（『占領二十七年　為政者たちの証言』一九九三年）。

また、我部政明は、「沖縄を日本から切り離す米軍統治が安定化するためには、琉球人たちが日本人よりも独自の集団だと琉球人自身が思うことを、米軍は望んでいたといえる」と指摘している。

アメリカ側にとっては、大学の名称と沖縄の人々のアイデンティティは切り離せないものであっただろう。沖縄人は日本の中の少数民族であるとするマッカーサーの沖縄人観などに見るように、アイデンティティ・ポリティクスは沖縄占領政策の核心的なものの一つであった。GHQが「琉球」という名称を選択した背景には、複雑に絡んだ大学の理念、沖縄人観、そして軍事的意図があったのである。

宮城悦二郎氏

しかし、為政者の思惑を越えて、それが民衆に支持される限り理念は揺らぐことはない。当初は、政治的、軍事的思惑が大学設立と大学の名称にからんでいたとしても、その後の大学の成長は、琉球諸島の地域社会に教育と研究の成果を還元するという根本理念が生き続けたことを示している。そして政治的には、アメリカの多くの大学が六〇年代公民権運動の根拠地となったように、琉大は、六〇年代沖縄で、アメリカ国内の運動と共振するかのように、基本的人権を求めるもう一つの公民権運動の根拠地として成長していったのである。

H・アール・ディフェンダーファー

資金集めに東奔西走

ディフェンダーファー＝写真＝のファースト・ネームは「ヘンリー」であるが、彼は書簡などではいつもH. Earl Diffenderferと署名した。一九四七年、米軍の民間人事部の職業訓練官として沖縄に赴任、それから、軍政府教育部副部長を務め、最後は民間情報教育部長に昇進している。ディフェンダーファーは、アーサー・ミードとともに大学創立の際の実務を担当した。

一九五七年十月に沖縄を去るまでの約十年間、琉大財団の理事長なども務めた。戦後沖縄の復興期に、もっとも長く、そしてもっとも深く、琉大とかかわったアメリカ人の一人である。

琉大の歴史の中で、スチュワート少佐やミードは好感をもって回想されるが、ディフェンダーファーは傲慢、横柄と言われ、その人物像はコロニアルな影をおびてあまり芳しくない。

しかし、宮城悦二郎が指摘するように、「コジキ財団」と呼ばれた琉大財団の理事長として基金集めに東奔西走し、志喜屋記念図書館建設のための資金作りに尽力したことなどは評価されるべきことであろう。

3　学長代理の任命

一九四九年一月、首里城跡にブルドーザーが入り、地ならし工事が始まった。六月八日には本館、図書館、そして木造教室八棟の建設に着工した。十月にはコンセットの男子寮の建設が始まり、翌五〇年一月二十三日には円覚寺跡の敷地で十棟の職員住宅の建設が始まっている。

学長代行――「六ヶ月を越えない」

米軍政府は、民政府と協力して学長を選出する準備も始めた。学長選出にあたったのは琉球情報教育委員会であった。これは、「全琉における情報教育の強化を期するため」、軍政府により四九年十二月に設置されたもので、民政府は委員として五人を推薦した。第一回委員会は、五〇年一月二十三日、「桑江キャンプ」（ライカム）の軍政府本部で開催され、委員会はアーサー・ミードに十人の候補者を推薦した。東恩納寛惇、大浜信泉、志喜屋孝信、山城篤男、比嘉秀平、呉屋朝賞らが推薦されたのだという。軍政府側は、この中から推薦順位をつけてさらに三人に絞るよう委員会に要請した。

二月十三日、安里源秀は軍政府情報教育部次長ディフェンダーファーに呼び出され、軍政府本部に行った。当時、安里は、沖縄民政府文教部成人教育課長の職にあって、大学設置の動きとは無縁の仕事をしていた。ディフェンダーファーは、安里に「新設の琉球大学の学長代理を引き受けるよう強く要請」、安里は、「幾多の危惧と不安があったけれども熟考の後、引き受ける」とこたえた。それから安里は軍政本部副長官ハリー・B・シャーマン准将のところへ案内され、シャーマンはその場で安里を学長代理（アクティング・プレジデント）に任ずる辞令を手渡した。

その辞令には、⑴琉球大学の学長代行に任命すること、⑵この任命は六ヶ月を越えないものであること、または初代学長が決定されるまでの任命であること、⑶科目や時間割などを決定するため、ただちに職務を開始することなどが書かれていた。

琉球情報教育委員会は、初代学長に沖縄知事志喜屋孝信を推していた。軍政府側もそれを受け入れていたようで、安里は学長代行に任命されたときに暗にこのことを知らされていた。当時、知事職にあった志喜屋は任期途中であり、ただちに琉大学長に就任することはできなかったのであろう。

この年の九月に沖縄群島政府知事選挙が実施され、平良辰雄が当選、十一月四日には群島政府知事と群島議会議員の就任式が行われた。志喜屋は群島政府発足にともなって沖縄知事を退任、十一月四日付けで琉大学長に任命された。この人事については、その一ヶ月前の十月四日に、軍政本部からの書簡で志喜屋に知らされていた。安里の辞令に、「この任命は六ヶ月を越えないものであること、または初代学長が決定されるまでの任命であること」とあるのは、群島政府の発足を見すえたうえでの文言であったはずである。

手探りの準備

ほぼ三ヶ月後に開学と入学式をひかえ、学生募集や教員探し、さらには成人教育課長職との兼任がしばらく続いたため、安里は「日夜休むひまもなかった」。同年四月からは安里は学長代理の職務に専念することになった。

安里源秀は一九〇三年（明治三十六年）九月二十八日、北中城村で生まれた。沖縄県師範学校を卒業後、（東京教育大学、現筑波大学の前身であった）東京高等師範学校に入学、二九年に同校を卒業している。専門は英語であった。卒業後は、鹿児島県立加治中学、青森県立青森中学、台湾公立高等女学校などで教えたが、四四年から沖縄県立農林学校教諭となり終戦を迎えた。瀬名波榮喜によれば、この時期の沖縄転勤は、家族の事情もあってみずから希望したものであったという。

沖縄民政府文教部に勤務する前は、安里は田井等高等学校（現在の名護高校の前身）の校長であった。安里は、一九五五年に琉大第三代学長、同六五年には第六代学長に就任、琉大退職後は一九七二年に沖縄国際大学の設立に参画、同大学長に就任している。米国留学帰りの琉大英文の気鋭の研究者たちを率いて編集した『大学英語総合教本』（東京・英宝社、一九六八年）は、東大教養学部で使用されるなど、全国的ロングセラーとなった。戦後日本の英語教育史に残る画期的な教科書であった。

安里源秀氏

安里は、自分には高等学校の経営以外に「学校行政の知識はなかった」とのちになって書いている。これは田井等高校での経験を指していたのであろうが、一九五〇年の沖縄には高等教育行政に通じた者はいなかった。また、文献がほとんど入手出来ない状態であったため、戦後日本の新制大学の制度やカリキュラムを参考にすることもできなかった。だから、大学経営についてはミードやディフェンダーファーに助言を求めたり、アメリカの大学の学生便覧を参考にしたりした。しかし、ミードやディフェンダーファーは行政官として財政面の援助などには力を発揮したものの、高等教育経営の実務についてはくわしくはなかった。学科の編成やカリキュラムを熟知し、開学に向けて実務を担当したのは、軍政府から派遣され自らを琉大顧問（ディレクター）と称していたジョン・チャプマンであった。軍政府文教部の意を体するチャプマンと安里らの教育方針の違いが学生募集の段階で表面化し、大きな社会問題となった。

口頭辞令

正式辞令は学長代行のみ

　一九五〇年前後、琉大の職員になった者で、軍政府から正式に文書で辞令を交付されたのは安里源秀だけであった。文教学校と外国語学校は、一九五〇年三月十五日に卒業式を行ったが、この後、当時の外国語学校の校長であった平良文太郎と文教学校の校長であった島袋俊一は、それぞれ琉大の教育学部長と農学部長に任命されている。

　二人はアーサー・ミードから学長室に呼ばれ、「英語部と農学部と教育部の三つが、新しくできる琉球大学の柱である」と言われ、口頭で学部長に任命されたのであった。だから、任命された日付は辞令がないのでわからないと、島袋俊一は十周年記念座談会で発言している。安里以外は、すべて「口頭辞令」であった。

　シャーマン准将から安里に手渡された辞令は、いかにも時間に追われて作成されたという印象を与える。また、五〇年四月五日に琉大が発表した学生募集の中の学部構成は、文学部、理学部、商学部となっていて、アーサー・ミードの口頭辞令と矛盾する。創立時の混沌とした状況を物語るエピソードである。

平良文太郎氏

島袋俊一氏

4　学生募集と日本語問題

一九五〇年四月五日、琉大は一九五〇年度「琉球大学学生募集要項」を発表した。これは安里源秀が中心になってまとめたものであった。

沖縄史上初の大学は、文学部、理学部、商学部の三学部で構成され、文学部には「英語科、日本文学科、芸術科、社会科学科、教育科」が置かれ、理学部には「物理化学、数学、生物、農業」、そして商学部には「製産、実用英語、商業英語、実務」などの四科が置かれていた。英語科と実用英語科は、第二学年も同時に募集するという変則的なもので、安里源秀は、これは外国語学校を琉大に併合することを意図した「米軍の政策」にそったものであったと指摘している。

「芸術科」は、初年度は美術のみ、また「製産科」は「主として南西諸島の工業資源の開発経営等に関して研究」することを目的としていた。「実用英語科」の志願者資格は、外国語学校や文教学校の半年の課程を修了した者、あるいはそれと同等の学力を有する者となっていた。

募集人員は、「沖縄、奄美、宮古、八重山」の人口比率にしたがって割り当てられた。たとえば、文学部英語科の一学年は「沖縄四一、大島一二、宮古四、八重山三」で、合計六十名を募集した。第一回の入学者数は五百六十三名で、その内訳は奄美大島が六十五名、沖縄が四百二十六名、宮古四十八名、八重山が二十四名であった。

クレーム

願書受付は四月五日から四月十八日までの二週間となっていたが、十七日になって、突然、「国語」を必修とする安里案に対して「琉大顧問」のチャプマンからクレームがついた。

ジョン・グリフィン・チャプマンは、「琉大顧問」として勤務したのはわずか半年ほどであったが、琉大創立に際して重要な働きをした人物である。先述したように、戦前は旧制西南学院高等学校で英語を教え、戦後は東京のＧＨＱ勤務を経て沖縄に派遣されてきていた。

そのチャプマンから、安里源秀学長代行に、大学のカリキュラムから「日本語」を除外し、「日本文学科を廃止するようにとの軍側の意向がとつぜん伝えられ」たのであった（安里源秀「創立」『琉球大学創立二〇周年記念誌』）。また、チャプマンは、「入学生は十年以上も日本語を学んでいるから大学ではそれ以上日本語の勉強を必要としない、また日本語を研究したければ、日本留学という制度を利用すればよい」と発言している（沖縄タイムス、五〇年四月十八日）。これに対して、安里は、「沖縄の特殊性」や「教育事情」を説明したが、結論が出ないまま、その日の午後には、締め切り間際で押しかけていた志願者たちを前に、願書受付の中止と試験期日の延期を発表せざるを得なくなった。

四月二十一日、安里は桑江の軍政府本部に行き、チャプマンらとカリキュラムについてふたたび協議をしたが、「結局軍政府側に押し切られ」、学部を廃止し、六学科とする、また日本文学科を廃止するが、日本語は選択科目として残す、ということで決着することになった。大学に戻ると、安里は学科を英語学科、社会科学科、応用学芸学科、理学科、教育学科、農学科の六学科に再編成した。翌二十二日、願書受付を再開、入学一次試験は五月二日に実施、開校予定日は五月十五日から二十日に変更することを決定した。このような混乱があったが、九百三十一人の志願者の中から五百六十二人が合格した。入学予定人員は五百十五人であった。

米軍政府の意向

安里によれば、募集要項で発表された学科やカリキュラムは、事前にチャプマンらと協議をし「承認を得たもの」であったという。それがとつぜん変更された背景には、軍政府文教部の意向がはたらいていたのではないかという感想を安里は漏らしている（『沖縄タイムス』、五〇年四月十八日）。

チャプマンは、自らを「琉大顧問」と称し、五〇年に発行された学生便覧でも自らディレクターを名乗っている。しかし、一九五〇年四月十八日付け『沖縄タイムス』は、チャプマンを軍政府の「嘱託」としている。これからすると、チャプマンは、琉大開学に向けてカリキュラムや学科構成のありよう、あるいは高等教育の運営を指導するために採用された可能性が高い。実権はあくまでミードやデ

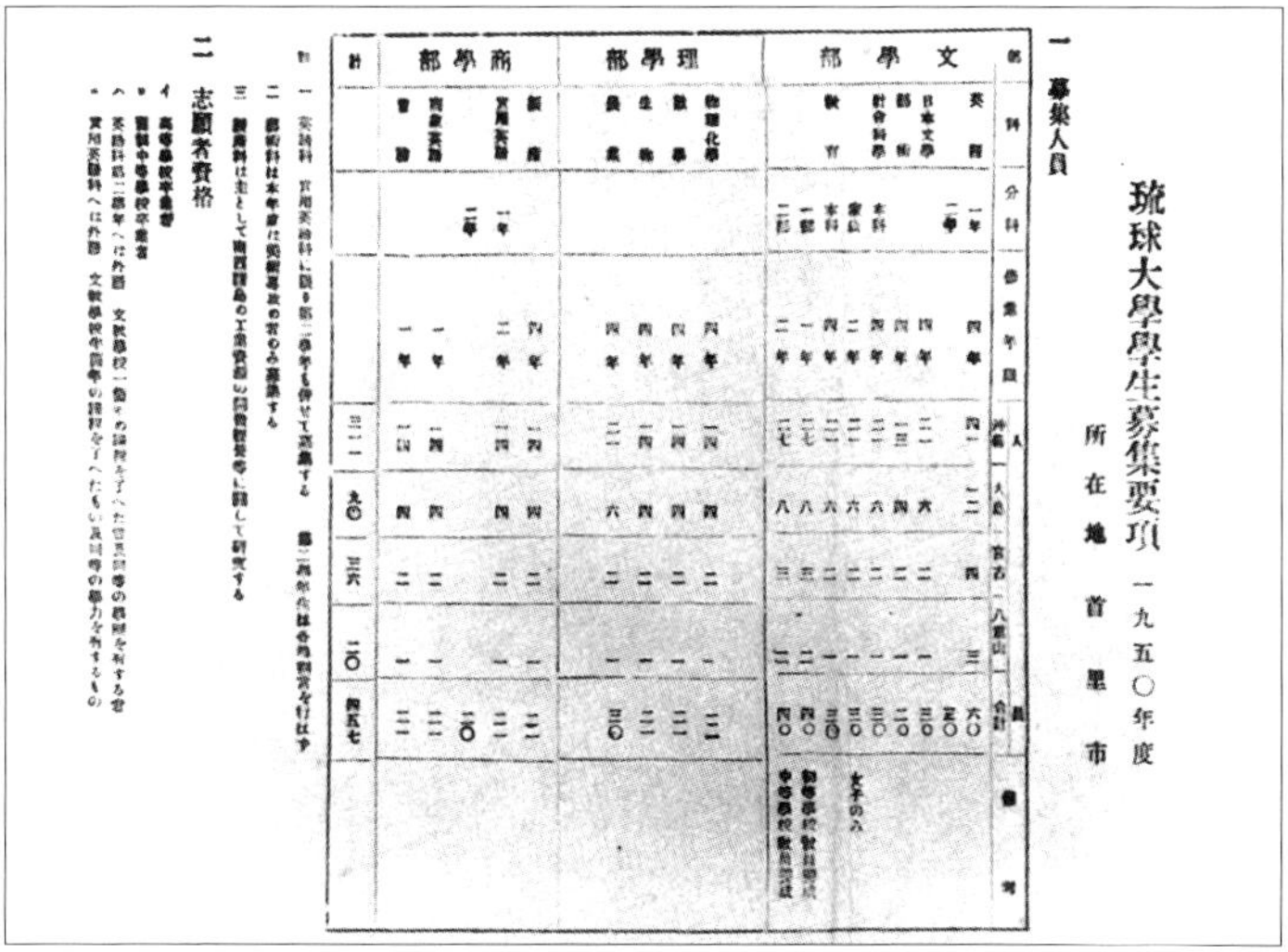

琉球大學學生募集要項　一九五〇年度

所在地　首里市

一　募集人員

部	科	分科	修業年限	人員 沖縄	大島	宮古	八重山	合計	備考
文學部	英語	一年	四年	四一	一二	四	三	六〇	
		二年						[illegible]	
	日本文學		四年	二一	六	二	一	三〇	
	藝術		四年	一三	四	二	一	二〇	
	社會科學	本科	四年	二一	六	二	一	三〇	
		家政	二年	二一	六	二	一	三〇	女子のみ
	教育	本科	四年	二一	六	二	一	三〇	
		一部	一年	二七	八	三	二	四〇	初等學校教員養成
		二部	二年	二七	八	三	二	四〇	中等學校教員養成
理學部	物理化學		四年	一四	四	二	一	二一	
	數學		四年	一四	四	二	一	二一	
	生物		四年	一四	四	二	一	二一	
	農業		四年	二一	六	二	一	三〇	
商學部	[illegible]		四年	一四	四	二	一	二一	
	實用英語	一年	二年	一四	四	二	一	二一	
		二年						二〇	
	商業英語		一年	一四	四	二	一	二一	
	[illegible]		一年	一四	四	二	一	二一	
計				三一一	九〇	三六	二〇	四五七	

註
一　英語科　實用英語科に限り第二學年も併せて募集する　第二學年[illegible]を行はす
二　藝術科は本年度は美術專攻の者のみ募集する
三　[illegible]科は主として南西諸島の工業資源の開發經營等に關して研究する

二　志願者資格
イ　高等學校卒業者
ロ　舊制中等學校卒業者
ハ　英語科第二學年へは外語　文教學校一箇年の課程を了へた者其他同等の學力を有する者
ニ　實用英語科へは外語　文教學校半箇年の課程を了へたもの其他同等の學力を有するもの

1950年度の琉球大学「学生募集要項」（安次富長昭氏提供）

イフェンダーファーの手にあった。チャプマンは、「軍政府としては大学生の米国派遣も考えており、学生は今まで十二年間も日本語をやってきているので英語に重点をおき一週九時間とする」とも述べている(『沖縄タイムス』、四月二十一日)。このような発言は、「嘱託」であったチャプマンがミードやディフェンダーファーに相談なくできるものではなかっただろう。

当然のことながら、日本語問題は社会的にも大きな反響を呼んだ。さまざまな意見が飛び交う中で、仲宗根政善は「元々母国語の深さだけしか外国語をマスターすることができないとは一般の原則である。なんと言っても、琉球では思想を構成するのは現在でも日本語であることを忘れてはいけないし、文化面からも重大なる関係があるものと思う」と述べている(『うるま新報』、五〇年四月二十一日)。学問的立場からコロニアルな動きを牽制する印象深い発言である。

この問題が原因の一つであったのであろうか、チャプマンはこの騒動の後で琉大を去ることになった。

中村龍人の抗議文

「日本語が教育の用語」

中村龍人＝写真＝は琉大に赴任する前は文教学校で文学を教えていた。日本文学科廃止の方針を聞くとカンカンに怒った。「なにを言いなさる。日本語が教育の用語であるし……ここで歴史をくつがえすようなことはいけない。アメリカでは小学校から高校まで英語を用いるが、大学では全然英語を使用しないのか」というような調子で、チャプマンに対して原稿用紙四枚の抗議文を書いた（「創立十周年記念座談会」）。

これを英語に翻訳したのだが、肝心のチャプマンはそれを読む前に琉大を去ってしまった。しかたなく、抗議文を志喜屋学長に送ったところ、「君の国語尊重論はまことに立派な論旨じゃ。それを読むのに四十分かかったよ」と言われた。

中村の議論は筋の通ったものであった。アメリカの大学は作文の科目を必修として新入生に課していて、この科目で五段階評価のB以上を取らなければ、医学部や法科大学院に進めない場合もある。母語できちんとした文章が書けるかどうかが問われるのである。

5 「文化的発電機」となって

一九五〇年五月二十二日、第一回入学式が大学本館二階講堂で挙行された。入学者は新入生四百八十人、二年次編入生八十二人で、合計五百六十二人であった。

「琉大顧問」のジョン・チャプマンが机、椅子、黒板などを注文してあったが、いずれも入学式に間に合わなかった。だから、五百六十二名の「入学候補者」たちは、立ったまま安里学長代理から入学を許可され、その後で講堂のコンクリートの床に座ってオリエンテーションを受けた。チャプマンが中心になって大学の方針やカリキュラムについて説明した。そのとき学生たちに配布されたのは、ガリ版刷りの『大学便覧』であった。表紙には「大学便覧」と「1950」の文字が書かれ、赤瓦屋根の家と芭蕉の葉のスケッチが描かれていた。安次富長昭は、このスケッチは当時美術の助教授であった大城皓也の作品であろうと指摘している。

「新旧文化を渾一融合」

『大学便覧』は英語と日本語で書かれ、表紙をめくると“Welcome to Ryukyu University”と題した短い序文があり、その次の頁にはその日本語訳（「巻頭言　学べ琉球大学に」）がある。これは新しく誕生した大学の性格づけを試みようとする重要な文章である。以下、日本語訳全文を引用し、検討してみよう。

「本大学は、日本のものでもなく、米国のものでもない。これはその創立者たちが勉学をせんとする者の要望を満たし、かつ琉球諸島の人々の役に立つ学府に成長する様にと念じて創設されたものである。

従来しばしば我々の学校に於ける教科や教科組合せは、進歩した教育組織の下に追究されている目標を達成するようには出来ていないで、学ぶ者の特殊な環境や要求を十分に考慮しないでただ一連の知識を知識そのもののために授けるというふうであった。

私たちは本大学がいわば文化的発電機となって、そこから新しい力と新しい光が琉球諸島のあらゆる村に流れて行くようにと、大学の全部科を高等に実用的なものにしたい。同時にまた、私たちは首里を昔のように沖縄文化の中心地としたい。そして新旧文化を渾一融合すれば、それは民族の誇りと喜びになり、この諸島のすべての家庭に福祉をもたらすものとなるであろう」

この「序文」の原文（英文）はチャプマンが書いたと言われる。オリエンテーションでは、はじめに「チャプマン顧問」が挨拶をし、それからこの「序文」を読み上げたのである。

この「序文」の最初の文章は、原文では“This university is neither Japanese nor American”となっていて、「ジャパニーズ」や「アメリカン」をどう理解するかということが焦点となる。翻訳にあるように、「日本のものでもなく、米国のものでもない」とすると、ニュアンスとして国家や政治が前面ににじみ出る。そうすると、この文章は、大学は「琉球民族／諸島のもの」だということを暗示する、と理解することも可能であろう。

しかし、「ジャパニーズ」や「アメリカン」という形容詞は、大学が「だれ／どこのものか」ということよりは、大学のありよう、つまり、新しい大学の学部・学科の構成やカリキュラムが、日本の大学やアメリカの大学とは異なるものであるということを意味しているように思われる。つまり、大学本館のデザインがハイブリッドなものであったように、琉大は日本とアメリカの大学が混交された新しくユニークな大学であるという考えが、二つの形容詞に込められていると読めるのである。段落後半では、このような大学は、琉球諸島の復興に貢献する目的を有するものであるということが簡潔に述べられている。

「新しい力と新しい光」

二番目の段落は、「象牙の塔」のカリキュラムを批判する。これと対照的に、「学ぶ者の特殊な環境や要求」に応え、地域のニーズを重視するのが琉大のモデルとなったアメリカのランド・グラント大学である。

すでに紹介したように、ランド・グラント大学の特徴は学問の「実用性」を強調するところにある。最後の段落は、このような大学の機能を「文化的発電機」という比喩で説明しようとする。また、「新しい力と新しい光」という文言は、キリスト教文化が背景にあることを感じさせる。琉球諸島には新しい啓蒙の光、新しい文化の力が必要であると説いているのだ。

「光」は「闇」の存在を必要とする。アメリカ側から見れば、一九五〇年の段階で照射され駆逐されるべき「闇」は、一九四五年以前の日本の全体主義、軍国主義（あるいは首里城が象徴する王権）の思想であった。さらには、琉球の島々の貧困、アメリカ人から見た「琉球」の文化状況など、さまざまな要素を想定することができるだろう。

また、いうまでもなく、「新しい力」とは、高等教育のもたらす力であり、「新しい光」とは近代科学による啓蒙、アメリカン・デモクラシーのもたらす諸制度であり、欧米的な文明の「光」であった。つまり、一九五〇年の琉大の『大学便覧』の「序文」は、文明史的な枠組みで言えば、一四九二年のコロンブス以降、ヨーロッパ文明が大西洋を越え、さらには北米大陸を横断し太平洋に浸透する中で生成された、ユーロ・アメリカンの文明観を反映するものであった。

この「序文」の中に、設立時の琉大の「理念」や「目標」が明示され、それがその後のカリキュラムや大学設計の基礎となっていることは明らかであろう。これは入学してきた学生たちに新しい大学のビジョンをつたえる文章でもあった。

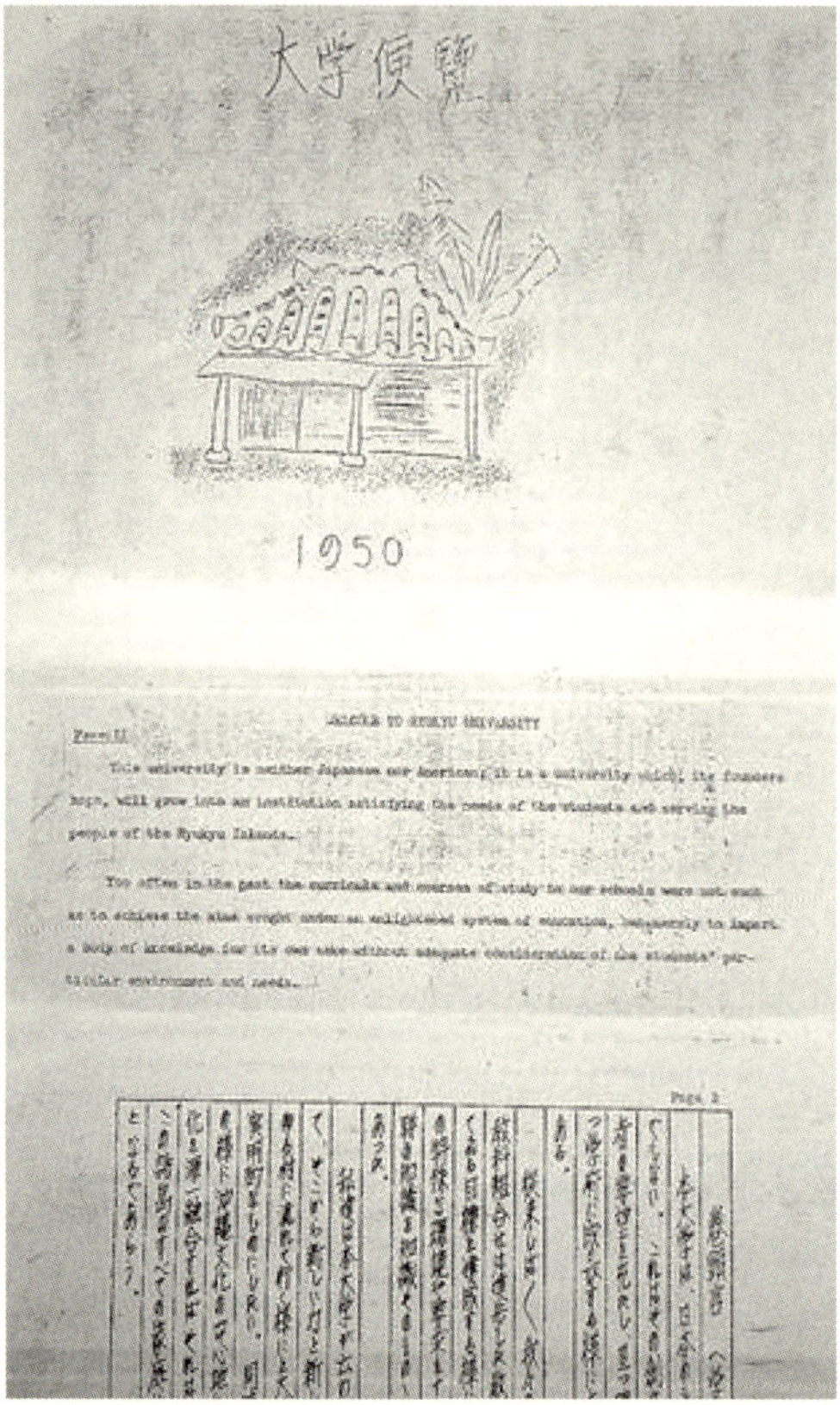

琉球大学開学時（1950年）の『大学便覧』の表紙（上）と英文の序文（中）、日本語の巻頭言（下）

「琉大顧問ジョン・チャプマン」

「気性の激しい人」

ジョン・グリフィン・チャプマン＝写真＝は、琉大創立時の半年間、開学に向けて大車輪で仕事をした人物である。一九五〇年の『大学便覧』には琉大の全職員名があるが、チャプマンは「琉球大学ディレクター、ジョン・グリフィン・チャプマン博士」と書かれているだけで、他に情報はなにもない。大学本館北側、安里学長代行の隣に「琉大顧問」として一室を占有していた。創立時に重要な仕事をし、その功績は

大きなものがあるが、その人物像はいまだにあきらかではない。

筆者の知る限り、唯一その署名がある文章は、一九五〇年七月二十日発行の『琉大新聞』創刊号に掲載された、「責任ある新聞は民衆の進むべき道を照らす」と題する短文である。内容はジャーナリズムに関するきわめて常識的なものである。

「自己意識が強く」、「気性の激しい人」であったと評され、大学運営について「チャプマン氏に劣らず気性の激しい人」であったアーサー・ミードと対立し、赴任後半年で琉大を去って行ったという。

6　一九五〇年の教員と学生の生活

五月二十二日に入学を許可された学生たちは、五月十日付けで「琉球大学総長代理」安里源秀から「第一次合格通知書」受け取っていた。それには、「貴殿本校第一次入学考査に合格しましたので、左記事項熟読の上期日に遅れない様に出校しなさい」と書かれていた。

「左記事項」とは、⑴第二次考査（身体検査、口頭試問）が五月十九日午前十時からおこなわれること、⑵寄宿舎が未完成のため、「三哩以内及びその他身寄り都合のつく者」は通学する、⑶寄宿舎に入学を希望する者は、「携行品」をもって五月十八日午後四時までに「入舎」すること、などであった。男子寮はコンセット作りのもので、現在の県立芸大の敷地にあった。四棟の赤がわらの木造建築物と一棟の食堂からなる女子寮は、現在の園比屋武御嶽《うたき》の裏手に五一年三月に完成した。

入学者が持って行くべき「携行品」とは、⑴配給停止証明書、⑵食費その他提出すべき金額四百円、⑶寝台、蚊帳、食器、毛布など、⑷寄宿舎備品製作用具、⑸電球、コードソケット、寄宿舎用机、腰掛などであった。

室温四十度の中で

学生たちは、それぞれの出身地で米の配給停止証明書をもらい、寮に提出、寮はそれを首里市役所に提出して学生用の米を確保した。食器は、米軍の野戦用のブリキの皿やコップやフォークがあれば十分であった。寝台は米軍が払い下げた野戦用寝台、机や椅子は山と積まれた払い下げのトゥーバイフォー材を使用し、自分で「寄宿舎備品製作用具」を使用してこしらえた。机や椅子の仕上がり具合は作り手の腕次第というものであった。

電球やコードソケットも米軍の払い下げを探さねばならなかった。電気は、寮専用の発電機があり、午後十時までうるさい音を立てていた。学生たちはその音を聞きながら机に向かい、発電機がとまる十時以降は、火屋《ほや》なしの石油ランプを使って勉強を続けた。だから、朝になると顔や鼻の中はススで黒くなっていた。その顔を、首里城瑞泉門近くの龍樋からほとばしる水で洗い、授業に出た。

寮費は支払っていたが、学生たちは学内アルバイトの報酬でそれを補っていた。米軍政府は大学建設に四万七千ドル余を投じたが、さらに六百万円の琉大予算から三十六万円を学生アルバイト代として計上した。最初の二年間は授業料の徴収もなく、寮での食費も三食無料であった。ほとんど毎日、「風が吹けばこぼれてしまうような」タイ米とみそ汁だけの食事が続いたと安次富長昭は回想している。

コンセット内は、夏の昼間は室温が四十度に上がり、夜も上半身裸で勉強した。ひとつのコンセッ

琉大女子寮全景（上）と1955年ごろの職員住宅と男子寮（コラージュ『琉球大学50年史写真集』より）

トの定員は二十八名で、学生たちは汗を流しながら勉強した。誰もが学問に飢えていた。そのような中で学びながら、のちに多くの学生たちが米留（アメリカ留学）や日留（日本留学）で沖縄から飛び出していった。

「尾羽打ち枯らした姿」

戦争で多くの人材を失い、外部との接触もままならぬ中、安里源秀は教員探しに奔走した。幸い、琉大の前身ともいうべき文教学校や外国語学校の教員の多くが琉大職員として大学に赴任することを了承してくれた。安里は、軍政府情報文教部に推薦リストを提出、その結果教員二十八人、事務職員十五人がほぼ推薦どおりに採用された。先に触れたとおり、これはすべて口頭による任命であった。大学職員は「軍作業者」と同様に、米軍の労務管理事務所から給料を受け取った。

文理学部教授で教務部長であった中山盛茂は、当時の教員の生活について、『十周年記念誌』に次のように書いている。

「食生活はみじめなもので、学生と共に寄宿舎の食事を取る者も多数いたし、また家族持ちは、大学の講義を終え寄宿舎に立ちより、薪の二、三束を立て替えてもらって、これを肩にして家路をたどる姿はみじめなものであった。しかも着用の服は、米軍配給のＨＢＴときているので、尾羽打ち枯らした姿は実に見るにしのびなかった」

藤原綾子によれば、ＨＢＴとは「ヘリンボーンツイル」の略で米軍の野戦用の軍服。木綿の綾織りで、肌ざわりがよく、生地もしっかりしていた。衣服の欠乏していた沖縄住民のために米軍が放出し、ひとびとはそれをほどいて男子服、婦人服、子供服につくり直した。ＨＢＴでつくったセーラー服や帽子もあったという。

かつての円覚寺の敷地内には職員住宅ができていた。しかし、それだけでは足りなくて、首里に借地をして住宅を建てた職員たちもいた。具志川にあった文教学校の教室を取り壊し、それを教員住宅の資材に使った。トラック五十台分の資材であったという。

先にふれたように、ハワイ大学やアメリカの多くのランド・グラント大学は、はじめはほとんどが「みじめな」姿で出発した。中山盛茂が書いているように、琉大の創立時の教員たちの姿も「みじめ」なものであった。中山は、「しかし、全員教育の再建、琉球人材の養成と、大学建設の意欲にもえていたことは、この困苦、この欠乏に堪えてきたことが、証拠になっている」と書いている。

アルバイトと慰問

肉体労働、ダンス教師も

一九五〇年の沖縄の食糧事情は劣悪で、学生たちの健康状態はわるく、勉学に支障をきたすことがあった。米軍政府は、このため、学生のキャンパス内での仕事に対して報酬を支払うことで学生を援助した。

仕事の中身といえば、男子はキャンパスの草取りや大工など、女子は黒板ふきやはたき作りなどで、時給は一時間四円であった。当時の琉大教員の時給が教授から講師まで一律十六円五〇銭であったから、かなりいい賃金であったという。

だが、学内アルバイトは資金不足で長続きはせず、学生たちは学外にアルバイトを求めるようになった。通訳、翻訳、港湾での肉体労働、あるいはコザ（現沖縄市）まで出かけて行ってダンス教師をする者もいた。

しかし、学生たちはアルバイトだけに明け暮れたわけではない。五〇年十二月十八日、琉大演劇部の学生四十三名は、屋我地の愛楽園を訪れ、演劇や舞踊などで入園者たちを慰問したという。生活に追われ、交通も不便な時代、簡単にできることではなかっただろう。

開学当時の琉球大学

7　開学式典（上）

一九五〇年十一月四日、沖縄群島政府知事の就任式と退任式が琉大本館前でおこなわれた。沖縄知事には平良辰雄、琉大の初代学長には沖縄知事を退任した志喜屋孝信が就任した。また、この日、琉大校外普及部が発足、軍政府本部副長官マクルア准将は、同日付けで学長代行であった安里源秀を初代校外普及部長に任命した。しかし、開学式典が挙行されたのは翌五一年二月十二日のことであった。

五一年一月十日、米国民政府副長官は、民政府布令第三〇号を発布、大学の「目的」を次のように規定した。

「大学設立の主要なる目的は男女学生に芸術、科学及びその他の専門職業に関する高等教育を施すことにある。

また大学は琉球列島の成人に占領軍の政策に反せざる限り言論、集会、請願、宗教、出版の目的をふくむ民主国の自由を促進し、一般情報に関する事項を普及する」（『アメリカの沖縄統治関係法規総覧Ⅱ』）

この布令で琉大設置の「目的」と管理運営の根拠が明確になった。（布令三〇号は、高等教育を規定する法律としてはきわめて拙劣であると言わねばならない。これについては後ですこしくわしく分析してみたい)。

ビートラーの挨拶

五〇年十二月十五日には米軍政府が廃止になり、あらたに設置された米国民政府(USCAR)が琉大を管轄するようになった。このときの民政長官は東京のGHQにいたダグラス・A・マッカーサー元帥、沖縄には民政副長官のロバート・S・ビートラー少将と民政官のジョン・H・ハインズ准将がいた。マッカーサーは式典に祝辞を送り、ビートラーは民政府を代表して式典で挨拶をした。

式典の式次第は民政府が中心になって作成した。「開学式」は、米国民政府(ユースカー)側からみれば「大学献呈式及び学長就任式」であり、ユースカーが二月九日に発表した式次第は次のようになっていた(二月九日付け『うるま新報』)。

〇九四〇　音楽　沖縄警察隊バンド並びに軍楽隊
一〇〇〇　歓迎の辞　首里市長兼島由明氏
一〇一〇　謝辞　大島知事中江実孝氏
一〇二〇　「全琉教育協力の木」植樹　八重山知事安里積千代氏
一〇三〇　琉大献上の辞　ビートラー副民政長官

一〇四〇　謝辞　沖縄群島政府知事平良辰雄氏
一〇五〇　琉大総長就任の祝辞　民政府
十一〇〇　辞令授与　宮古知事西原雅一氏
十一〇五　謝辞　志喜屋孝信氏
十一一五　バンド演奏

ユースカーの沖縄民政官府は、一月十七日付けで平良辰雄に式典への招待状を送り、ビートラーの挨拶の後で五分から十分程度の謝辞を述べるよう要請している。また、ユースカーは、ハインズが署名した文書を沖縄民政官府に送付し、その代表または代行が式典に出席するよう指令を出していた。

この文書は、ビートラーの指示にしたがって一月に作成されたもので、おおむね次のようなことが書かれていた。(1)琉大は戦争の瓦礫の中から立ち上がってきた、(2)ブルドーザーは首里城跡の瓦礫は片づけることができたが、「三世代にわたる精神的、知的隷従までは除去しきれていない」、(3)沖縄の将来の指導者たちはこの高等教育機関で養成されることになる、(4)貧困と破壊の中で公教育を確立するのはユースカーの使命である、(5)大学の献呈式は住民の生活にとっては重要な意味を持つ、(6)リンカーンは、隷従を体験した男女の向上のために戦った勢力の象徴であり、その誕生日に式典をおこなうことはきわめて適切なことである、(7)沖縄教育界の指導者たちは、民主主義の普及に熱心に取りくんでいるところであり、アメリカ側から多くの参列者があることは、このような困難な仕事に取りくんでいる指導者たちを勇気づけることになる。

この文書が示唆するように、アメリカ側から見たら、琉球列島の人々もまた、長きにわたって「隷従」を体験した人々であった。

「自由と文明のために」

二月十二日は「早春花曇りの式典日和」であった(『うるま新報』二月十三日付け)。米軍第二十八部隊の軍楽隊と沖縄側の警察部隊の演奏が九時半に始まり、祝賀ムードが高まる中をビートラー民政副長官が夫人とともに来場、それをこの日の司会をつとめたアーサー・ミード琉大顧問が握手で迎えた。ビートラーは、その挨拶で、リンカーンの誕生日に開学式を挙行したのは、この日がこのような式典に最適の日であると考えたからであると述べ、次のように言葉を繋いだ。

「誰がこの貧乏大工農夫の息子が、貧困の境遇にあってほとんど義務教育もうけなかったにもかかわら

琉球大学本館前(現在の首里城正殿後方)で開催された開学記念式典=1951年2月12日(『琉球大学50年史写真集』より)

ず、数百万の貧しき男女のあこがれの的になるものと想像したであろうか。われわれは彼が信念に生き、市民に対する信頼、奴隷や圧政を嫌悪し、公衆のための法律、正しい政府の熱烈な擁護者であったことをよく記憶している。かかるが故にこのリンカーンの誕生日にあって、自由と文明のために三十四の建物を含んだ学園を開校することは本官にとって無上の光栄かつ欣快とするものである」(『琉球資料』)。

琉大建学の理念は、「自由・平等、平和・寛容」となっている。第十二代学長砂川恵伸によれば、これはリンカーンの理念、特に「ゲティスバーグの演説」と二期目の大統領就任演説に基づくものであるという。

尚裕氏からの書簡

あらたな「世替わり」象徴

開学式典への招待状は、最後の琉球国王尚泰の曾孫であった東京在住の尚裕氏＝写真＝にも送られた。琉大創立に際し、尚氏は円覚寺跡の敷地や守礼門近くのハンタン山を大学に寄贈していた。

尚氏は志喜屋学長宛の書簡にこのように書いたという――「琉大開校のよき日を控えて仕事の都合で参列出来ないのは残念ですが、この変転極まりない国際情勢下にあって、新生沖縄に大きな力をもたらすものとして心からその創立

を喜び、発展を願うのは誰にもひけをとらないつもりで居ります」（『うるま新報』二月十三日付け）。

先に引用したハインズの署名のある文書は、首里城は日本軍の司令部となっていたため、米軍の空爆と艦砲で破壊されたと述べている。そして一九五〇年、首里城の玉座の跡に建設されたのは、アメリカ民主主義と高等教育の理念を継承する大学の本部棟であった。

五一年の開学式典は、あらたな「世替わり」を象徴する儀式でもあった。沖縄では、「世替わり」の現場はいつでも首里城であった。

8　開学式典（下）

ビートラーが到着したあと、十時十分に兼島首里市長の歓迎の辞があり、それからアーサー・ミードがGHQからの参列者や「日本」側の来賓を紹介した。

これに続いて、中江大島知事が「琉球古来の伝統と文化をリンカーンの確固不抜なる自由精神と共に継承して琉球独自の新文化を創造し、ひいては世界文化に寄与するという大学本来の使命を全うされるよう期待する」と挨拶した。

この後、八重山知事代理による「琉球教育提携の木」記念植樹があった。

それからビートラー民政副長官の「大学贈渡の辞」があり、これに対して、平良沖縄知事は、開学式は「琉球の歴史上かつてなき盛事であり……全住民を代表して米国民のこの御好意に対して深甚なる謝意を表する次第であります」と述べた。さらに、平良は、「琉球はもはや南海の孤島ではなく、広く世界につながり、国際的使命をになっております。……国際人として高き教養を身につけ、独自の文化を創造して人類に貢献しなければなりません。私は本大学より世界的人物の輩出することを期待致しております」と述べてその挨拶を終えた。

「日本」からの来賓は、水谷文部次官、菊池九州大学総長、田中京都大学法学部長、早稲田大学法学部長大浜信泉らで、それぞれ祝辞を述べた。

マッカーサー・メッセージ

二月十二日の「大学献呈式及び学長就任式」を演出し、挙行した主体は民政府（ユースカー）であり、いうまでもなく、その最高責任者は民政長官ダグラス・マッカーサー元帥であった。十時五十分、マッカーサーのメッセージがルイス民政官によって読み上げられた――。

「琉球大学の設立は、琉球諸島の文化史と思想史においてきわめて重要なできごとである。また、特に意義深いことは、琉球国王たちの玉座があった地に創立された大学が、貧困の中に生まれながら世界の偉人たちの中でも王のような存在になったアブラハム・リンカーンの誕生日に贈渡されるということである。若きリンカーンが数は少ないがすぐれた書物――主として聖書とシェイクスピアとユークリッド――を明確な目的意識をもって活用したように、究極的には、この大学の将来はその資源の大きさに依存するものではなく、その資源の質とそれを使用するさいの英知に依存する」

ダグラス・マッカーサー

マッカーサーは、これに続いて、この大学の主要な使命は琉球の若者をその能力が十二分に発揮されるように教育することであり、そのためには古今東西の文明の最高の知識を学生たちに与え、その結果として学生たちが人類の知識全体に貢献するようになることを期待したいと述べた。そして次のように言葉を繋いだ。

「人間の精神を奴隷化しようとする勢力に対抗し、自らの伝統を守るために自由を擁護する者たちが再びその力を結集する中で、琉球大学は誕生した。この大学は、学問の自由と精神の自由を求める強い願望から生まれたが、このような願望は反啓蒙主義や抑圧によって輝きを失うものではない。この献呈式は、何世紀にもわたって我々の大学が掲げてきた理念に対する信頼と、熱烈な真理の追求は決してやむことがないという揺るぎない決意を示すものである。琉球大学は、いま、この偉大な伝統の中に新たな地位を占めようとしているのである」

大学の誕生と冷戦

「人間の精神を奴隷化しようとする勢力」と「自由を擁護する者たち」の対立にマッカーサーが言及するとき、その念頭にあったのは冷戦であり、具体的にいえば、一九五〇年六月に始まった朝鮮戦争であっただろう。だから、このメッセージは、沖縄に誕生したばかりの大学が、高等教育の普遍的な伝統を受けつぐものであることを祝福すると同時に、一方では世界を呪縛しはじめた冷戦を色濃く反映するものとなった。

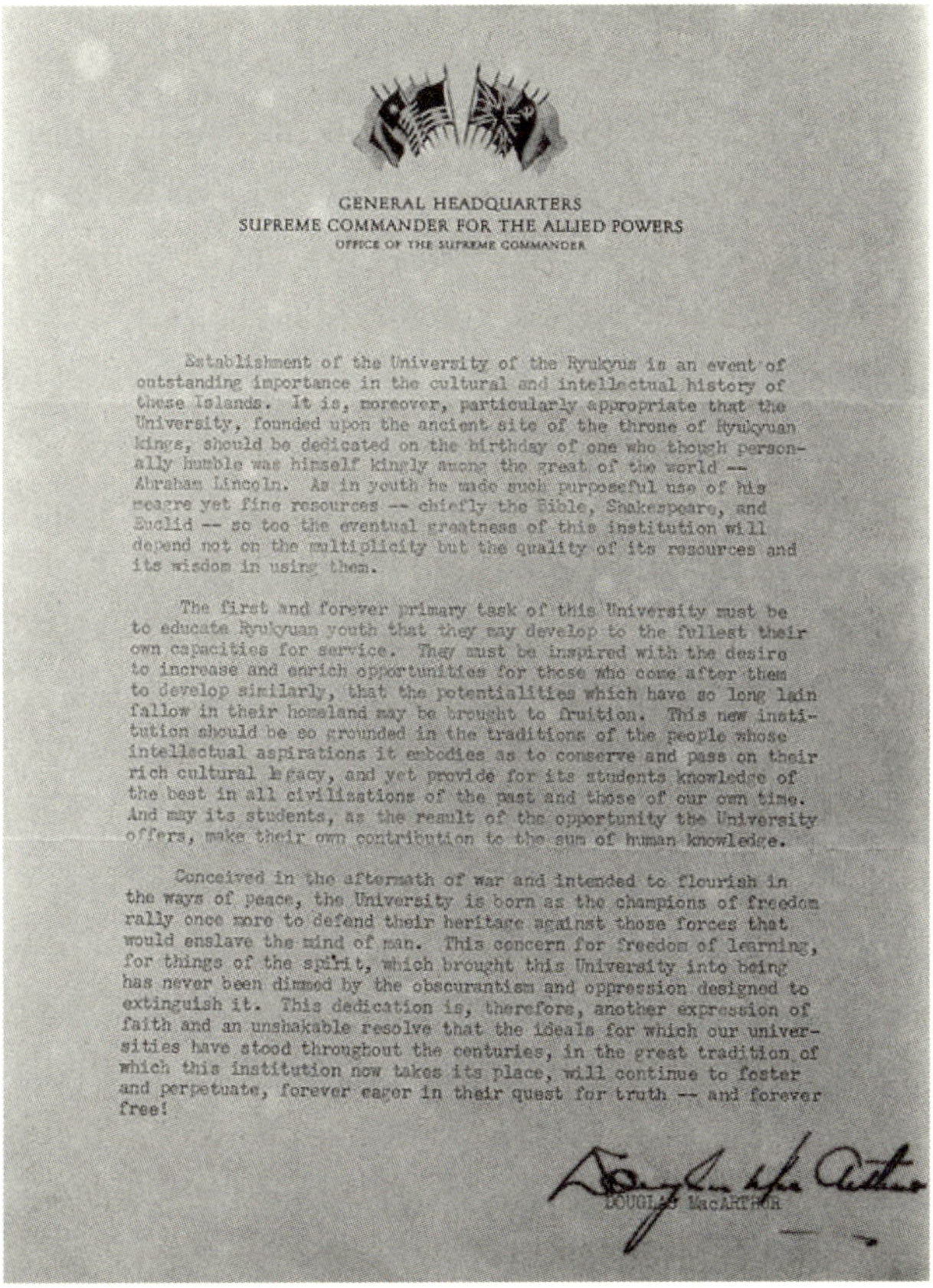

GENERAL HEADQUARTERS
SUPREME COMMANDER FOR THE ALLIED POWERS
OFFICE OF THE SUPREME COMMANDER

Establishment of the University of the Ryukyus is an event of outstanding importance in the cultural and intellectual history of these Islands. It is, moreover, particularly appropriate that the University, founded upon the ancient site of the throne of Ryukyuan kings, should be dedicated on the birthday of one who though personally humble was himself kingly among the great of the world — Abraham Lincoln. As in youth he made such purposeful use of his meagre yet fine resources -- chiefly the Bible, Shakespeare, and Euclid -- so too the eventual greatness of this institution will depend not on the multiplicity but the quality of its resources and its wisdom in using them.

The first and forever primary task of this University must be to educate Ryukyuan youth that they may develop to the fullest their own capacities for service. They must be inspired with the desire to increase and enrich opportunities for those who come after them to develop similarly, that the potentialities which have so long lain fallow in their homeland may be brought to fruition. This new institution should be so grounded in the traditions of the people whose intellectual aspirations it embodies as to conserve and pass on their rich cultural legacy, and yet provide for its students knowledge of the best in all civilisations of the past and those of our own time. And may its students, as the result of the opportunity the University offers, make their own contribution to the sum of human knowledge.

Conceived in the aftermath of war and intended to flourish in the ways of peace, the University is born as the champions of freedom rally once more to defend their heritage against those forces that would enslave the mind of man. This concern for freedom of learning, for things of the spirit, which brought this University into being has never been dimmed by the obscurantism and oppression designed to extinguish it. This dedication is, therefore, another expression of faith and an unshakable resolve that the ideals for which our universities have stood throughout the centuries, in the great tradition of which this institution now takes its place, will continue to foster and perpetuate, forever eager in their quest for truth -- and forever free!

DOUGLAS MacARTHUR

琉球大学開学記念式典で読み上げられたダグラス・マッカーサーの署名入りメッセージ原文（琉球大学図書館蔵）

マッカーサーのメッセージを読み上げたあと、ルイス民政官は、志喜屋孝信を初代総長に任命した。十一時五分、琉大は志喜屋に「ドクター・オブ・ヒューマニティーズ」の名誉博士号を授与、それから志喜屋はその挨拶の中で次のように述べた。

「古の哲人の言葉に『その国の将来をみんと欲せばその国の青年を見よ』とありますが、いまや向学心に燃える若き学徒は、琉大の設立を見て、前途に光明を認め希望に満ちて研学の道を歩みつつあります。私は青年の見いだしたる光明と希望こそは、琉球将来の光明と希望に外ならないことを確信するものであります」

また、志喜屋は、次のように述べて、その謝辞と挨拶を終えた。

「開学式に際してわれわれ職員、学生は、ここに本学設立の意義を深く認識するとともに、今日の佳き日がリンカーン大統領の誕生の日であることに思いを致し、奴隷解放の大事業をもってアメリカ民主主義の体現者と仰がれる人格徳望を日夜敬慕し、世界人類に通ずる正義と人道の道を直進し、深く専門の道を研究し、知的、道徳的及び応用能力を養い、琉球復興にあたる人材を作ってアメリカ政府の御厚意にそい、本日のこの最も大きな光栄に御応えしたい覚悟であります」

十一時四十分、最後に沖縄のアメリカ軍関係者が紹介され、二時間にわたる開学式典が終了した。

「世紀の祝典」

龍潭にはハーリー船

『うるま新報』（一九五一年二月十三日付け）は、「琉大開学・世紀の祝典／歓声古都にどよもす」という大見出しで開学式と祝賀行事の様子を伝えている。

学内ではさまざまな展示会があり、首里劇場では学生による演劇の公演があった。泡瀬にあったアメリカの高校と中学からは男女生徒約八十人がバスで参加した。また、琉大構内の臨時郵便局では、琉球郵政庁発行の開学記念切手が一日で一万四千枚も売れた。全琉公募で一等に入賞した琉大一年次安次富長昭の原画を大城皓也助教授が補作したもので、アメリカ人たちが争うように買っていった。

午後一時、来賓を迎え、龍潭にはハーリー船が浮かんだ。船は、この日のために、泊の船大工であった安次富長達が設計し復元したものであった。打ち鳴らす鐘と「純粋のハーリーうたは……余韻じょうじょう古都の町に鳴り渡り」、池のほとりを埋めつくした観衆を喜ばせた。特に、泊、那覇、久米のハーリーうたの「昔なつかしいメロディ」が人々を喜ばせたという。

開学記念切手

9　草創期の授業風景

一九五一年二月十二日の開学記念式典は、沖縄史上初の大学誕生を祝う「盛事」であったが、誕生したばかりの大学の実状はどのようなものであっただろうか。

開学十周年記念座談会で、司会の仲宗根政善が「当時は教材がなくて困りましたでしょう」と質問すると、「すり物にして、そのパンフレットを使っての講義でそれこそ無手勝流でした」と中村龍人が応えた。大学の図書館には英語の書物はあふれていたが、「日本の領土でありながら、日本の文献がない」、すぐに図書を購入してもらいたい、と中村はアーサー・ミードに訴えた。

「当時は、日本本土も本の少ないころでしたね。個人的には内地への渡航は許されず、軍用船が運航しているくらいで、手紙や公文書さえ、軍に委託する有様でした」と翁長俊郎が発言している。高等教育の専門家を招聘して指導を受けることもままならない状況であった。英語英文一期卒で、後に琉大事務局長をつとめた松村圭三は、その回想の中で、琉大は「本土の大部分の新制大学の如く、発足と同時に多くの教授職員を擁し、既設の建物を持ち、或いは統合された大学とは違い、文字通り戦後の灰燼の中に沖縄で初めての、そして唯一の総合大学として発足し」たと指摘している。

英語辞書片手に

この頃の授業風景を、物理学教授で学生部長でもあった新垣義一の回想にしたがって振りかえってみよう。創立時に提供された科目は、英語（六科目）、社会科学（四科目）、応用学芸（五科目）、教育（五科目）、理学（三科目）、農学（二科目）の合計二十五科目であった。（十周年のころには提供科目は七百六十八科目に達した）。当時は、学科と学部の混同があり、「理学部」は物理学教授の新垣と数学助教授の玉城仁用の二名が配置されているだけであった。「理学部」の生物学は、「農学部長」の島袋俊一教授が担当した。

教官室は、普通教室の一室が理学部と農学部を合わせた六名の教員に与えられ、机と腰掛けは文教学校の学生たちが作ったものであった。それでも、新垣に言わせれば、「当時としてはすばらしいゆとりのある教官室」であり、終戦後に「瓦葺きの新しい建物に入るということは全く初めてで」、テントやコンセットから出てきた学生や職員たちは、「新しく完成した本館や教室を眼の前にして……困難ではあるが、明るい将来を夢見ていた」のであった。

新垣にとって、もっとも困ったことは教科書がなかったことであった。だから、アメリカの大学の「初年級で使用されているゼネラル・ケミストリー」という教科書をもとにして「化学概論」の授業をした。受講生は約百五十人、英文のテキストをタイプし、それを毎週学生に配り、「原書」による化学の授業をした。学生たちは英語辞書を片手に化学方程式をノートし、講義と英文プリントだけで勉強した。「当時の学生の心意気は今もって印象深い。……このような勉学に不自由な状態はかえって学生の学問への情熱を燃え立たせた」と新垣は『開学十周年記念誌』に書いている。

通訳付き授業

外間政章は、開学時の応用学芸部長であった。「応用学芸部」は「家政、美術、音楽、商学」など、英語部、教育学部、理学部、社会学部に属しない分野を束ねて構成されていた。外間自身の専門は英語学で、応用学芸部の分野とは無縁のものであったが、「かつて高校の校長の経験があったというわけか、とにかくそういう科目の成長発展の責任を負わされた」。

外間は学部長の仕事の他に英語を教え、さらにアメリカ人講師の授業の通訳もした。開学当初は、カリキュラムに対応する教員の全員を配置するということは望むべくもなく、英語だけでなく、多くの授業がアメリカ人による通訳付きの授業であった。教会の神父や牧師が担当する授業も多く、外間は印象にのこる人々として、バントル・アーミン神父やオーティス・ベル牧師をあげている。

アーミンは首里崎山町にカトリック教会を創設した人物で、布教のかたわら琉大で数年にわたり教鞭をとった。すべて無報酬であった。アーミンが担当したのは英会話や教養課程の経済学や社会学で、外間は通訳として四百時間以上もアーミンと共に教壇に立った。「通訳付き授業の時代」は、経済学と社会学に専門の研究者が赴任するまで続いた。

境（旧姓阿波根）道子は、一期生として沖縄文教学校から教育学部二年次に編入学した。石造りの本館が一棟、あとは瓦葺きの校舎が数棟という「大学」の姿にまずは驚いたが、授業に出てみて「大学らしくないのは建物だけではないという大変な発見」をした。

琉球大学本館前で（左から）バントル・アーミン神父、開学当時の応用学芸部長の外間政章氏、事務局長の翁長俊郎氏（琉球大学『十周年記念誌』より）

「教育心理学というので、そのつもりで教室に入ると、先生からぎっしりと横文字で埋まったプリントを渡され、黒板に何やら見たこともない単語が書き出されて、読んだり訳したりしながら英語の講義ならぬ教育心理学の講義が始まるのです。社会学といえば米人宣教師が講義し（もちろん英語）……試験の答案も英文、辞書を引くことを許されても問題の意味がわかった頃にはもう時間切れ、右をみても左をみても英語、英語、英語……」。

このような状況は急速に改善されていったが、誕生したばかりの大学は、普遍的、国際的レベルで通用するような高等教育のありようを模索していた。

開学の鐘

米軍使用済みガスボンベ使用

琉大千原キャンパスの本部棟と図書館の間に「首里の杜」がある。そこには首里キャンパスから移植された樹木が植わっている。「杜」のすぐ隣に、もう一つ、首里から移されたものがある。「開学の鐘」＝写真＝と呼ばれているもので、その正体は茶色に錆びた古いガスボンベ。

一九五〇年五月二十二日、沖縄の高等教育の始まりを告げたのはこの米軍使用済みのガスボンベであった。当時、時鐘がなかったため、これを大学の構内に吊し、ハンマーでたたいて授業の始まりや終わりを知らせた。

ときにはたたく時間が遅れ、教員から苦情を言われたこともあった。一九五六年、大学図書館で火災が発生したときにはハンマーがみつからず、石で鐘を乱打して全学に知らせたのだという。

史学科教授で教務部長でもあった中山盛茂は、この鐘は「春風秋雨絶ゆることなく、一九五七年五月二十一日セルフタイマーが購入されるまでハンマーでたたかれて時を告げた鐘」であり、「校宝的存在」であると書いている。

Ⅳ

ミシガン・ミッション

1　ミシガン・ミッション――大学を養子にとる

アメリカ教育評議会は、一九一八年に設立され、千八百以上の大学や短大が加盟している高等教育に関する評議会である。一九五一年五月二日、アメリカ教育評議会会長アーサー・S・アダムズは、ミシガン州立大学学長ジョン・A・ハンナに書簡を送り、沖縄に創立されたばかりの大学を「養子」にとり、大学の成長を援助するアメリカの大学を募集していると述べ、五月十八日までに公募に応じるよう依頼した。アダムズは、同じような書簡を二十の大学に送っていた。

アーサー・S・アダムズの書簡

アダムズは、これは陸軍省占領地域局再教育課のプロジェクトであると書き、陸軍省は沖縄のUSCARと連携して琉球大学にもっともふさわしい大学を探していると説明した。ユースカーが陸軍省を通して示した選考基準は次のようなものであった――(1)実際に琉球大学との協力関係を希望すること、(2)学外普及事業を活発に行っていること、(3)（林学を含む）傑出した農学部を有していること、

⑷教育行政学、家政学、行政学、財政学などのすぐれた分野を有すること、⑸琉球の学部学生に奨学資金を提供して入学させることが可能であることが望ましいこと、⑹すべての基準を満たす大学がないのであれば、二つの大学で連携することも可能であること。

アメリカの日本占領の最大の目的の一つは日本の民主化であった。教育制度はそのための主要なターゲットの一つであり、沖縄占領においてもアメリカの政策は変わらない。アダムズは、その書簡で、琉球大学は「アメリカ合衆国のランド・グラント大学をモデルとして創設された」と述べ、さらに布令三〇号を引用して大学の「目的」を説明した。

また、軍政府が大学を創立した主要な目的の一つは、「アメリカ的パターンにしたがって教育行政と教育の分野において教員を養成し、そうすることで、学校教育全体を戦前の日本的教育から民主主義教育に変えていくという陸軍の努力をより効果的にするため」であったと述べている。また、琉球大学では農業、家政、英語などの「実用的」な分野が強調されているとアダムズは付け加えている。

このような大学を「養子」にとり、その成長・発展を支援することがアメリカの大学に期待されているとアダムズは書いた。これ以降、ミシガン州立大学と琉球大学の関係を語るさいには「養子」という比喩が使われることになるが、その起源はこの書簡にある。

アダムズによれば、アメリカの大学から派遣される教職員たちは、一九五一年九月十五日までに赴任し仕事を始めないといけないが、次の五つの分野で専門家が必要とされていた――⑴教育行政学を教え、大学の組織を整備することを指導できる者、⑵農学と林学の教員、⑶行政学と財政学の教員、

(4)家政学の教員（女性）、(5)琉球大学の事務局長を補佐し、沖縄側からの要望を伝える事務職員。

ユースカーは、教職員を派遣するアメリカの大学は、それぞれの分野において強力な学部や学科を有し、問題があればいつでも援助できる体制を有していることが望ましいとアメリカ教育評議会に伝えている。また、アダムズは、琉球における高等教育は「ほとんど空白」ともいうべき状況にあると書き、琉大は陸軍の琉球諸島における「再教育プログラム」に貢献する大学として、予算のほぼ全額を軍政府が負担していると指摘した。

「フリーハンド」を要求

ジョン・ハンナは、五月十日付けのアメリカ教育評議会への返信で、慎重に検討した結果、ミシガン州立大学は単独で琉球大学を「養子」にとる責任を引き受けること、そしてミシガン州立大学はアダムズ書簡に記されている全ての分野で強力な学科を有していると述べた。また、ハンナは、琉大では「フリーハンド」で仕事ができることを保証してもらいたいとも書いている。つまり、教育と研究への軍の干渉を排し、大学の中で自由に仕事ができることを要求した上で、琉球大学を「養子」にするプロジェクトに応募するとミシガン側は明記したのであった。さらに、このようなプロジェクトは短期間で終わるものではなく、長期にわたる連携が必要であるとハンナは書いている。

ジョン・ハンナは、書簡を送るだけでなく、政治・行政学科主任で大学研究開発室長でもあったミ

ミシガン州立大学の校門。「ランド・グラント大学のパイオニア」の文字が見える（金城徹氏提供）

ルトン・ミルダー教授をワシントンのアメリカ教育評議会に派遣した。ミシガンの「琉大プロジェクト」に関して、ミルダーはハンナの右腕のような存在であった。五月十七日、アメリカ教育評議会のフランク・C・アボットはハンナに書簡を送り、ミルダーとの話し合いの中で「フリーハンド」の件について突っ込んで話し合いをしたこと、そして選考された場合にはミシガンの上層部の人間が沖縄に行って事前調査をする機会があるだろうと書いた。

しかし、五〇年代の沖縄では、アメリカの大学人や研究者といえども、「フリーハンド」で仕事をするということはままならぬことであった。だから、沖縄に派遣されたミシガン教授団（いわゆるミシガン・ミッション）とアメリカ民政府との間には表にあらわれない葛藤が存在した。（これについては、後でもうすこしくわしく触れることにする。）

応募した七大学

ライバルのハワイ大は選考漏れ

米国教育評議会の依頼に応えて応募したのは、結局は(1)ブリガム・ヤング大学（一八七六年創立）、(2)ハワイ大学（一九〇七年）＝写真＝、(3)ルイジアナ州立大学（一八六九年）、(4)ミシガン州立大学（一八五五年）、(5)サザン大学（一八九〇年）、(6)オレゴン州立大学（一八六八年）、(7)ワシントン州立大学（一八九〇年）の七大学であった。

ブリガム・ヤング大学はユタ州にある私学。サザン大学は、創立時からアフリカン・アメリカンの教育を目的とした大学で、南部のルイジアナ州バトンルージュにある。ルイジアナ州立大学はバトンルージュの郊外、ミシシッピ川の河畔に設立された。オレゴン州立大学とワシントン州立大学は、アメリカ北西部のランド・グラント大学。東部からの応募はなかった。

ミシガン州立大学のライバルはハワイ大学であった。沖縄とおなじ島嶼の大学で、オキナワ系コミュニティがバックにひかえるハワイ大学は、琉球大学を「養子」にとることを熱望していたが、選考に漏れてくやしい思いをした。

2　ミシガン・ミッション――事前調査報告

アメリカ教育評議会は、琉大を「養子」にとる大学を選考するため、七人の委員で構成される諮問委員会を設置していた。その委員会の会合が一九五一年六月一日午後二時からワシントンにある同評議会の二階会議室で開催された。諮問委員会は、選考基準に従って応募した七大学について議論、満場一致でミシガン州立大学を派遣することを決定した。会議では、ハワイ大学とホノルルの「琉球人コミュニティ」のことが話題になったが、ハワイ大学を選ぶまでにはいたらなかった。アメリカ教育評議会は、これを受けて六月十二日付け書簡でミシガン州立大学ハンナ学長に選考結果について正式に通知した。通知書にはミシガンが選ばれた理由は書かれていないが、ランド・グラント大学のパイオニアとしての大学の歴史や、大学の充実度などが決め手となったのはまちがいないことであろう。

ミルトン・ミルダーら派遣

ミシガン側の対応は迅速であった。アメリカ教育評議会から派遣を要請されていた五人の選考が学内で始まり、派遣団長（ミッション・チーフ）にラッセル・E・ホーウッドを内定した。ホーウッドは、当時、学外普及部の監督官で農学部では准教授待遇であったが、沖縄での活動に支障のないよう、アーネスト・L・アンソニー学部長はホーウッドを教授に昇格させることをハンナ学長に提言した。その結果、ホーウッドは教授として琉大に着任、ミッション・チーフとしてユースカーの情報文教部の職員らと対等に交渉することができるようになった。

ハンナは、また、事前調査のために、アンソニーとミルトン・ミルダーを沖縄に派遣した。彼らは東京経由で七月十一日に沖縄に到着、七月二十八日付けでハンナに十三頁の報告書を提出している。

アンソニー農学部長は、(1)沖縄での最初の印象は、住民は沖縄がアメリカの保護領になることを望んでいるように見えたが、むしろ日本の統治が望ましいと考えているようだ、(2)それは、住民は食糧や衣服を与えられているが、同時に貴重な土地がときには集落ごと奪われ、立ち退きを強制されていることに原因があり、(3)このためにアメリカに対する忠誠は失われ、ミシガン・ミッションの事業に大きな困難をもたらす可能性がある、とハンナに報告している。

ミルダーはその報告書におおむね次のように書いた――。

(1)志喜屋学長は前沖縄知事で、「政治家」だと評価するむきもあるが、「政治家」という言葉にまつわる悪い意味で言われているわけではないようだ。(2)事務局長の翁長氏は聡明でエネルギッシュな人物である。(3)

ミルトン・ミルダー氏
（『琉球大学50年史写真集』より）

教員を個々に評価することは不可能であるが、教員にふさわしい衣服を欠き、靴も足のサイズに合わないものを履いている。しかし、知的で活力があり、彼らはこの大学をいつかは「大学」という名にふさわしいものにしようと誠実に努力している。(4)日本の大学のモデルとなっている東京大学は、ドイツの大学と同様に、地域のニーズや問題に関心を払わない「象牙の塔」である。琉球大学が将来の沖縄と周辺の島々の発展に貢献するためには、ミシガン州立大学のように、ランド・グラント大学の哲学に従って大学組織を整備すべきであろう。

厳しい報告

ミルダーとアンソニーは、米軍の沖縄の土地の扱いにきわめて批判的で、例えば那覇から嘉手納まで、「二十マイル」に及ぶ土地は軍事基地に占拠されていると書いている。また、アメリカ軍は、兵士に対して沖縄の言葉や文化や歴史を教育していないとし、先祖伝来の墓がブルドーザーで破壊され、聖域を無視して建物が建てられていると報告している。

さらに、「ルイス大佐」(民政官)を補佐する者の中で沖縄住民と親しく接触している者は皆無であるとし、沖縄は米軍の駐屯地としては人気がなく、アメリカ側の軍人も民間人も有能でないため、「ルイス大佐」は優秀なスタッフを揃えるのに苦労していると分析している。

ミルダーは、開学直後の琉大の施設や教育レベルにも言及し、アメリカの水準で言えば、大学の現状

琉球大学で講演するジョン・ハンナ学長と通訳をつとめる瀬名波榮喜学長秘書（現名桜大学学長）＝一九六〇年（瀬名波榮喜氏提供）

は高校よりすこしレベルが高いか、短大の一年レベルの水準であり、大学という名にふさわしい教育機関として育てるためには忍耐と理解が必要であると書いた。

アンソニーとミルダーの沖縄からの報告は、米軍側と沖縄側の両方に対して厳しいものになっている。特に、ヨーロッパ戦線に将校として参戦、戦後はドイツで勤務した経験のあったミルダーの沖縄の米軍に対する批判は手厳しい。彼らは、一九五〇年代初期の沖縄の困難な状況の中でミシガンが直面するであろうさまざまな問題について、ハンナ学長にありのままに報告しようとしているのであり、その書簡はミシガン側に注意深い対応を求める現実的で醒めた報告になっている。

七月十八日、ホノルル経由で帰国する前にミルダーはハンナに短い書簡を送り、(1)沖縄での最大の問題の一つはやはり米軍と住民の間にあるギャップであり、親密な関係が達成されているとすれば、それはほんの一握りの部分にすぎない、(2)沖縄社会は多くの分野で学外普及事業を必要としている、(3)ミシガン・ミッションの懸案事項であった住宅と車についてはすでに解決済みである、と報告した。

ジョン・ハンナ学長

「偉大な教育者の一人」

ジョン・ハンナは一九〇二年ミシガン生まれ。ミシガン州立大学を二二年に卒業、専門は農学で、卒業してすぐに大学の学外普及部で養鶏の専門家として活躍した。

一九四一年、三十九歳でミシガン州立大学学長に就任、それから六九年に退職するまで、二十八年間にわたって精力的に大学の発展に尽力した。その在職中に、ミシガン州立大学の学生数は六千人から四万人に増大、同時に大学の建物や施設も充実、アメリカを代表するランド・グラント大学としての評価を確立した。

ハンナは、トルーマンからレーガンまで、歴代政府機関の委員を務めるなど、学外のさまざまな委員会などでも活躍している。

ハワイ大学学長であったグレッグ・シンクレアは、アメリカ教育審議会から選考結果について書簡を受け取ると、その返信の中で「ハワイ大学が選ばれなかったのは残念ですが、ミシガン州立大学であればすばらしい仕事をすることでしょう。同大の学長は現代の偉大な教育者の一人であると私は考えております」と書いた。

3　ミシガン・ミッション――学外普及事業

第一回派遣のミシガン・ミッションは、団長のラッセル・E・ホーウッド（教授、農学・林学）、ガイ・H・フォックス（准教授、行政学・金融学）、エドワード・フォー（助教授、教育行政学）、エリノア・デンズモア（家政学）、ホラス・C・キング（商業教育、秘書学）の五人であった。ホーウッド、フォックス、フォーには配偶者（それぞれヘイゼル、エリノア、ロウイス）が同行していた。デンズモアは実習や普及活動などを担当する技官としての派遣であり、キングは主としてミッション全体の事務を統括していた。各人の給与には二五％の海外手当がついていた。

殺伐たるフロンティア

ミッションは、一九五一年八月三十日、サンフランシスコのフォート・メイソンからゼネラル・ウォーカー号で出航、九月十六日に沖縄に到着、九月二十五日には琉大で新任式がおこなわれた。ミシガン・ミッションは、これ以降、一九六八年まで約十八年間にわたって延べ五十一人を派遣、多くの教育・

研究分野で琉大に助言を与え、指導した。

事前調査をしたミルダーは、民政府側と十分に話し合い、ミッションの住宅と輸送手段（車）はミッション到着までには確保されるはずである、と沖縄からの手紙に書いた。しかし、ホーウッドはその九月二十九日付け書簡で、ミシガンにいる上司のミルダー宛に次のように書いた。

「わたしたちは現在仮住まいをしています。三組の夫婦は（馬天集落西側の丘陵地）バックナーヴィルにあるコンセット住まい、ミス・デンズモアとキング氏はチネン地区に配置されています。ここの住居は劣悪で、ミス・デンズモアとキング氏の場合はさらにひどいものです。牧港地区に完成する予定であった夫婦用住宅はまだ完成していません。……車については、先週初めにも報告しましたが、ミード氏がルイス准将にかけあってくれたおかげで、九月二十日にやっとジープのステーションワゴンを一台まわしてもらいました。昨日、もう一台まわすと言われましたが、まだ届いていません。このような状況ではグループで行動せざるを得ず、各人の仕事に大いに支障をきたしています」

ミシガン州立大学のあるイースト・ランシングは緑に包まれたおちついた大学町である。そこから到着したミッションにとって、オキナワは西太平洋に浮かぶ辺境、軍人が管轄する殺伐たるフロンティアに感じられたことであろう。

研究成果を学外へ

ホーウッドを団長とするミシガン・ミッションの主要な役割は、誕生したばかりの琉大に高等教育に関するさまざまな助言をすることと、大学の教育と研究の成果を学外に普及する「学外普及活動」（エクステンション活動）を推進することであった。特に、後者は、アメリカのランド・グラント大学の特色の一つであり、アメリカは州立大学に付与されたこのような機能を十分に活用することで、高等教育の成果を国民に浸透させる仕組みをつくりあげていた。

琉大には創立時にすでに学外普及部があり、初代の学外普及部長には学長代行の任期を終了した安里源秀が就任していた。ホーウッドは、着任してすぐに安里と一緒に沖縄島を視察し、住民との話し合いを始めた。食糧生産と自然資源の確保が主たる議題であった。話し合いは、石川で十月一日から三日、名護で十月八日から十日、那覇で十月十五日から十七日まで、それぞれ三日間の日程で開催された。

ハンナ学長は、ホーウッド宛に五一年十一月七日付けで書簡を送り、ランド・グラント大学の基本的使命について次のように書いた。

「ランド・グラント大学は、実用的な教育がすべての人々にとって直接に関係するものであり、このような教育からすべての人々が利益を享受するものであることを効果的に実践する。人々の欲求や

初期のミシガン・ミッション（前列）と大学職員＝ 1952年９月（『琉球大学50年史写真集』より）

ニーズを知ることや、大学の教員とすべての職業分野の人々が直接に接触することは絶対に必要なことであり、そうすることによってのみ、人々が直面する問題を大学に持ち帰ることが可能となり、大学の有する資源でもって人々のニーズに対応することができるのである」

ホーウッドは琉大の学外普及部に助言・指導をしながら、このような哲学を現実に応用しようとしたのであった。琉大は、これ以降、五〇年代から六〇年代までのほぼ二十年間にわたり、校外普及部や那覇エクステンション・センターを中心に、教員のための講習会、職業教育ワークショップ、通信教育、夜間講座、看護学校講座を開催し、大学の研究成果を普及するために普及叢書を発行した。

五四年十一月からは農家政工学部普及事業が始まり、普及講座を開設すると同時に、毎月三千から五千冊の『農家便り』を発行し無償で配布した。また、叢書は毎年二千から五千冊を発行、農業団体、技術員、学校、会社などに無償で配布している。

ミシガン・ミッションは、また、大学全体の教育の充実のため、五二年三月に事務局長の翁長俊郎とともに東京に飛び、大量の学生用図書（和書）を購入、収集している。人文科学、社会科学、自然科学など、分野別の分担を決め、図書を購入する前にあらかじめリストを作成、それを持って東大、お茶の水女子大、日本女子大、早稲田、一橋などに著名な研究者を訪ね、アドバイスを受けながら琉大に持ち帰る図書を選択した。

コンセット

米軍払い下げで民間利用

英語ではQuonsetまたはQuonset hut。もともとは商標であるが、「波形鉄板でできたプレハブのかまぼこ形兵舎」を意味する普通名詞として使われるようになった。簡単に組み立てられるので、第二次世界大戦中に十五万から十七万個が生産されたという。

名前の由来は、米国ロードアイランド州にあるコンセット岬にある海軍航空基地で初めて作られたことから。第二次世界大戦中、米軍はコンセットをあらゆる戦場で兵舎や倉庫として使用した。原型は第一次大戦中にイギリス陸軍が使用した兵舎(Nissen hut)。

内部には木材が使われているが、沖縄では夏場は室内温度が四十度を越えたという。戦後沖縄では米軍からの払い下げのコンセットが、教室、病院、役所として利用された。創立当初の琉大男子寮=写真=もコンセットであった。

コンセットの琉大男子寮(サンフランシスコ沖縄県人会提供)

4　ミシガン・ミッション——一九五三年のホーウッド書簡

一九五二年七月、ミシガン州立大学のハンナ学長は日本とフィリピンを視察し、帰国途中に沖縄に立ち寄った。沖縄では、比嘉秀平主席やビートラー民政副長官らを訪問した。琉大では理事会、学長、教職員らと懇談、学外ではさまざまな職業を代表する人たちに会って話を聞いた。ハンナは、琉大訪問の際に、政治的な内容の掲示物を見て、大学に困難な状況が生起する可能性があることを示唆した。

学内の政治問題報告

翌五三年、ミシガン・ミッションの団長であったラッセル・ホーウッドは、五月十三日付けでミシガンのミルダー学部長に書簡を送り、学内の政治問題についておおむね次のように報告した——。

(1)　三月末に、一部の学生たちが大学の名前を使って「平和運動」を始めたが、琉大は学生たちが大学の名前を使用することを許可しなかった。しかし、学生たちは運動を継続し、その結果、四人の学生が謹慎処分となった。

(2) メーデーでは、学生たちは（ビートラー将軍が共産主義政党であると公言している）人民党の祭典に参加した。その際、彼らは復帰や平和運動について発言した。また彼らは胡屋朝賞学長や安里源秀副学長を批判した。一方で、彼らは人民党との結びつきを確立した。
(3) 大学当局とユースカーは、四人の学生について、さらなる措置をとるべきであると感じた。
(4) 大学当局は、金曜日の午後、七十一人の全教職員による会議を開催した。会議は午前一時半まで続き、学生の除籍処分を決定した。
以上のことを、『十周年記念誌』と『創立二〇周年記念誌』の記述をもとに、時間の流れに沿って具体的に見てみたい。

大学の声明文

五月一日のメーデーで、学生たちは、彼らが三月に始めた「原爆展」が大学の許可を受けていないこと、灯火管制に協力しなかったなどの理由で謹慎処分になったと訴えた。このため、大会は琉大に抗議することを決議し、五月四日には大会代表が胡屋学長に会い、学生の謹慎処分と学生準則の撤廃を求める決議文を手渡した。これが(1)と(2)の意味することであろう。

五月八日、琉大は(4)の「全教職員による会議」を開催した。

五月八日以降、「処分学生及び一般学生はこの措置は大学の反平和的なものであり、復帰運動をはばむものであると抗議、四学生の処分撤回を要求」した。

五月十日、琉大は「(一)学生を謹慎処分にして反省を求めたがその色がない、(二)謹慎処分を無視してメーデー決議に訴え、学外の力を借りて大学へ圧力を加えようとしたことは学生の本分にもとる、(三)四学生の行動は大学の自治と秩序を乱すもので、善処の意志のない旨の声明文を発表した」(『十周年記念誌』)。

五月十一日、学生側は「学生総会で検討善処してもらいたいと訴え」、約七百人の学生が講義をボイコットし、総会を開催した。翌十二日は、大学当局と七百人ほどの学生が参加して総会を開催、それぞれがその立場を説明した。

五月十三日、八人の学生中央委員が大学当局と処分理由について懇談、その後、中央委員たちは約四百人の学生と総会を開催し、この話し合いについ

農業講座で授業をするミシガン・ミッション団長のラッセル・ホーウッド(左)(『琉球大学50年史写真集』より)

て説明した。五月十六日と十八日にも学生総会が開催されたが、「出席学生が急激に減り処分撤回要求はだんだん下火になった」（『創立二〇周年記念誌』）。

大学の助言者として

この一連の出来事をふりかえり、ホーウッドは次のように書いている——。

「私はこれまで大学の助言者としての立場から行動し目立たないようにしていましたが、大学の情報はディフェンダーファー氏に知らせていました。ディフェンダーファー氏は強い調子で助言しました。しかし、その助言は留意されませんでした。すべてを慎重に考慮し、将来起こり得る重要な問題があればそのときに決定的な行動をすればいいという態度です。CIC（米軍諜報部隊）はこの件について調査していましたが、これまで表に出てきていません。安里氏、ディフェンダーファー氏、CICの代表が今夜会議をすることになっています。ディフェンダーファー氏は、なにがなされなければならないかを述べるつもりだと言っていました。一緒に会議に参加するよう彼から誘われましたが、ミシガン・ミッションの役割は助言者として仕事をすることにあり、この立場を保ちたいと言って参加を断りました」

この書簡は、ホーウッドが見た一九五三年の除籍処分（いわゆる「第一次琉大事件」）を伝えるものである。引用部分は、この書簡の核心的な部分であるが、ここから読み取れることは、(1)ホーウッドは、大学の助言者としての仕事をし、同時に大学に関してディフェンダーファーに連絡しているということ、⑵はっきりとは書かれていないが、ディフェンダーファーが強い調子で「助言」した相手は大学であり、その「助言」に「留意」しなかったのもおそらく大学であっただろうということ、そして⑶CICがこの件について調査をしていたということである。

⑷「会議」について言えば、この書簡の日付は五月十三日となっていて、引用文中の「今夜」は十三日を意味する。この会議の内容を説明する文書は未見であるが、大学はすでに五月十日にその最終方針を声明文として発表しているので、この会議で学生を除籍処分にすることが話し合われたと考えるのは、時系列的に無理があるように思われる。

安里は、副学長として、民政府情報教育部長であったディフェンダーファーらと交渉し、話し合う立場にあった。

『八月十五夜の茶屋』と冷戦

イデオロギー戦のただ中で誕生

　『八月十五夜の茶屋』は、ヴァーン・スナイダーの小説（一九五一）。この作品をジョン・パトリックが脚色し、一九五三年にブロードウェイでヒットしたことからよく知られるようになった。旧美里村桃原がモデルとなったといわれる「トビキ村」で、アメリカ民主主義を浸透させようとする軍人たちを風刺し笑いのめすこの作品は、一九五四年の戯曲部門でピューリツァ賞を受賞した。

　一九五四年三月十日付け『ニューヨーク・タイムズ』は、この作品を批判する当時のソ連国防省機関誌『赤星』の記事を紹介している。『赤星』は、沖縄から出撃した爆撃機が「北朝鮮の平和な町や村を爆撃した」とし、同作品を「理想主義的」で沖縄の現実を反映していないと批判している。

　『赤星』の反応は、冷戦に呪縛された五〇年代と、アメリカの広大な基地と化した沖縄の位置を浮き彫りにする。マッカーサーの開学祝辞に見るように、琉大はイデオロギー戦のまっただ中で誕生したのであった。

ジョン・パトリック『八月十五夜の茶屋』表紙

5　ミシガン・ミッション――一九五三年「秋期報告」

ミシガン・ミッションは、年四回、三カ月毎にミシガンのミルトン・ミルダーに詳細な報告書を送っていた。この報告は、琉大に残っている記録よりもくわしく、十八年間にわたる大学の成長のプロセスを記録したものとしても読むことができる。全部を紹介することはとうてい無理なので、一九五三年の「終期報告」（十月一日から十二月三十一日）の内容を紹介したい。

第一回派遣団は一九五三年の五月末に任期を終えて帰国、その後にアーネスト・ホイーラー（農学）を団長とする第二回ミッションが同年六月に到着していた。ロナルド・ジョーンズ（教育学）、ルース・ペック（家政学）、ジャック・アレン・プレスコット（職業教育）、アラン・タッカー（科学）という陣容であった。ジョーンズは、前年の九月に到着していた。

報告書はレターサイズで二十五枚、その内容は⑴報告要約、⑵序文、⑶予算などを含む大学行政、⑷普及部の活動、⑸研究、⑹教育、⑺ミッションのメンバーによる個々の分野の報告となっている。

大学は誕生してから四年目、商学と工学を除いて、すべての分野で四年の教育課程が完成しているとミシガン・ミッションは報告している。大学が着実に充実してきていることがうかがわれる。

「ノウハウ」活用

「予算」の項目で最初に報告されていることは、奄美群島の日本復帰にともなう予算措置のことである。これまでこの「物語」では触れる機会がなかったが、琉大は一九五二年五月、名瀬に琉球大学奄美分校を設立していた。小学校教員訓練科をおき、奄美群島の小学校教員養成を主要な目的としていた。講師は六人、学生数は七十八人であった。奄美キャンパス設置は、背景にランド・グラント大学の理念があり、経済的な理由などで首里で学ぶことが困難な学生でも、大学教育が受けられるようにするという配慮があった。

五三年十二月二十五日、奄美群島が日本に復帰したため、翌三月までの奄美分校分の予算は、首里キャンパスの職業教育や科学実験室に使用されることになった。三月末までの奄美分校予算は鹿児島県が負担し、三月以降、図書や設備は琉大に返却された。

大学の設備や施設の管理運営のような、こまごましたことがらについてもミシガンの「ノウハウ」が活用された。設備の管理、品物の在庫目録の作成などは、職業教育を専門とするプレスコットが担当した。プレスコットは、さらに、建物に電気を引くために大学を指導した。琉大は、首里キャンパス時代から、台風被害を防ぎキャンパス美化のために電気は地下ケーブルを使用しているが、このための長期計画が進行中であると報告書は述べている。

家政学が専門のルース・ペックは、女子寮の居住空間を広げるため、二段ベッドの採用を提案した。また、ペックは家政科の教員と共に、大学、名護文化センター、コザ病院などで脱脂乳の使用法などについて指導し、実習を行なっている。受講者とディスカッションをしながら理解を深める指導方法が強調されたという。

また、電気が使用できるようになったので、視聴覚教育に力を入れるため、ミシガン・ミッションは大学と協力して四台のプロジェクター用のスクリーンを購入、16ミリ映写機と二台目のスライド・プロジェクターを近いうちに購入すると報告している。ミシガン・ミッションは、さらに、ガリオア留学生のオリエンテーションを担当し、米国留学前の学生たちを教育した。

学外普及事業についてはすでに取り上げたのでくわしくは触れないが、首里を中心として、沖縄島の十三カ所、久米島、宮古、八重山地区で授業が提供され、現職教員千七百四十三人が受講している。通信教育は、現職教員六百九十二人が受講、夜間教育も現職教員二百七十六人が受講している。

研究環境を整備

大学の教員は、教育をするだけでなく、研究することももう一つの使命であるが、一九五三年の琉大には研究用の施設や設備がほとんどなかった。それでも、ミシガン・ミッションは琉大の教員と協力して植物標本室を作った。また、イモのウイルスを研究する委員会も組織した。団長のアーネスト・

ミシガン州立大学から派遣された２教授の指導を受ける学生＝1956年（『琉球大学50年史写真集』より）

ホイーラーは、その専門（農学）に関する報告の中で、林学科が沖縄北部に林学の実験場として森林を確保するため、琉球政府に請願中であると報告している。国頭村の与那官有林が琉大の演習林として発足したのは翌五四年、管理権が大学に委任されたのは五七年のことであった。

五三年の後学期、ミシガン・ミッションの五人は大学や教員に対する助言や学外普及講座のほかに、首里キャンパスでそれぞれの専門分野の授業も担当した。この学期の担当科目と受講者数は、家政学（受講者数四十二人）、生物学（二百九十人）、視聴覚教育（十人）、小・中校教育（六十人）、農業普及事業原論（十九人）、職業教育（二十六人）であった。

一九五三年十二月二日から二十日まで、ミシガン州立大学のミルトン・ミルダー文理学部長とクリフォード・ハーディン農学部長がホノルル、東京、沖縄を訪問した。沖縄では彼らはミッションの仕事ぶりを検討し評価することになっていた。二年半前と比較して、大学のレベルは明らかに上がっている、アメリカの大学の二年のレベルと比肩できるものであり、分野によっては三年のレベルと同等のものがある、特に数学は入学時にはアメリカの大学生より進んでいる、とミルダーは報告した。

ミシガン式登録

汗だくで教員の前に殺到

琉大の科目登録は、毎学期授業が開始される前に、全教員と学生が一カ所に集合しておこなわれた。学生は、登録したい科目を登録カードに記入、「店」を開いて待っている教員がそのカードに押印すれば登録は完了した。

受講人数が限られているので、必修科目などに登録するには競争を勝ち抜かねばならず、学生は登録会場を走り回り、座っている学生の頭上を飛び越え、汗だくで教員の前に殺到した。混乱して泣き出す新入生もいた。

このような登録方式を導入したのはミシガン・ミッションであった。しばらくは本部講堂で登録が行われたが、入学者が増えるにつれて体育館に場所を移した。アメリカでは、一九七〇年代までにはコンピュータによる登録方式が採用されるようになったが、琉大では二十一世紀初頭にコンピュータが導入されるまで、ミシガン方式で登録がおこなわれていた。

喧噪に満ちた登録風景であったが、学期はじめの儀式であり、年二回のお祭りのような雰囲気があった。

混雑した登録風景 ＝1958年３月（『琉球大学50年史写真集』より）

6　志喜屋記念図書館

図書館は大学の中核である。図書館の充実度で大学の教育と研究レベルがわかるといわれる。琉大の図書館は一九四九年六月八日、大学本館と同時に建築が始まり、翌年四月二十五日に完成した。木造でかわら葺きの平屋、閲覧席はわずかに五十六席、学生数五百六十人に対して、あまりにも狭すぎるものであった。蔵書の大部分は、米軍やハワイの更生会などの海外同胞から寄贈された洋書であった。

一九五二年、初代学長であった志喜屋孝信が健康を理由に退任した。琉大は、志喜屋の功績をたたえ、銅像を建てることを検討したが、志喜屋は「銅像を建てるくらいなら琉大に図書館を建設したほうがよい」と言って辞退した(『琉大風土記』)。志喜屋の発言もあり、新しい図書館の建設の気運が高まった。

宝くじ発行

基金募集の中心になったのは、はじめは琉大財団(護得久朝章理事長)であった。志喜屋記念文庫設立のために、百万円(B円)を目標に募金を始めたが半分も集まらない。財団の窮状をみたH・アール・ディフェンダーファーは、自らが委員長をつとめていた琉米親善委員会の仕事として、募金活動を受け継いだ。琉米親善委員会では宝くじを発行、その益金（約四百五十一万B円）と、全琉の住民からの寄付金（約四十五万円）を加えて五四年六月十七日に国場組によって建設が始まった。

米国民政府は琉大内にあった放送施設（KSAR、のちの琉球放送）を寄贈、その売却益も建設資金の一部となった。また、琉大財団は、琉球銀行から十二万五千ドルの借款もしたという。総工費二千百七十五万B円、五階建て、総タイル張りの図書館が五五年十一月十日に竣工、民政官レムニッツァー大将をはじめとする民政府首脳、日本国会図書館長金森徳次郎、琉球政府主席比嘉秀平、国場組社長国場幸太郎らが参列し、献納式が盛大に開催された。完成した図書館は、当時の沖縄ではもっとも高い建物であった。

志喜屋は、図書館の完成を見ることなく同年一月二十六日死去、式典には夫人が参列した。

志喜屋記念図書館建設のためにだれよりも奮闘したのはディフェンダーファーであったと言われる。琉米親善委員会は一九五三年に設立された。委員会は、占領政策をスムーズに推進することを目的とし、「親善」の名のもとにさまざまな行事をおこなっていた。

五四年の琉米親善委員会の委員長はディフェンダーファーであり、名誉会員として民政副長官のオグデン少将や琉球政府主席比嘉秀平らが名前を連ねていた。ディフェンダーファーは、図書館建設の基金を募るため、さまざまな企画を立てた。宝くじ発行もその一つであったが、それだけにとどまらずアメリカ本国からも寄付を募った。

政治的な発想

五四年四月十四日付け書簡で、ディフェンダーファーはミシガン州立大学のハンナ学長に次のように書いた――。

「千二百人の琉球人の大学生たちと多くの成人たちがいま最も必要としているものの一つは、十分に施設が整った図書館であります。このプロジェクトにはすくなくとも二十万ドルが必要であり、そのうち十五万ドルは琉球諸島のアメリカ人と琉球人たちの寄付でまかなうつもりです。図書館のスケッチと大学紹介のパンフレットを同封します。

アメリカの大学生からの寄付は、琉球の大学生たちに対する友情を示すものとして政治的にも価値あるものになることでしょう。もしご同意いただけますならば、貴学の学生たちにこのことをお話しください。寄付者の名前は、寄付金の多少にかかわらず、銘板に記して図書館内に残すようにします。このような寄付行為は、自由世界や民主主義やその制度について学ぶよい機会になることでありましょう。起工式は、ペリー提督来航百一年を記念し、五月二十六日に行われる可能性もあります」

ディフェンダーファーは政治的な人間であった。その発想の一つ一つがコロニアルな色彩に染まっているように見える。この書簡に対するハンナの返答は未見である。

志喜屋記念図書館の献納式では民政官のレムニッツアーが挨拶をした――。

「全ての偉大な学問の府の中心にあるのは充実した蔵書を有する図書館であります。それゆえ、本日の献納式は、本学の成長にとっては重要な里程標となるものでありましょう。この図書館は、本学にとって、教室や実験室同様に不可欠のものであり、教職員は学生に図書館の効果的な使用について指導すべきであります」

大学発展を刻む「里程標」

レムニッツアーの言葉どおり、志喜屋記念図書館の建設は、大学の発展を歴史に刻む里程標の一つであった。この後、レムニッツアーは、琉大の教員たちがアメリカで学び、中にはアメリカの州立大学で客員教員として招聘されている者もいるとし、創立六年目にしては教員の研究水準の高さは注目に値すると述べた。また、卒業生についても言及し、アメリカやフィリピンや台湾の大学院で奨学資金を得て学んでいる者もいると述べている。

五六年九月三日、志喜屋記念図書館四階にあったミシガン教官室から出火、四階と五階が全焼し甚大な被害が出たが、翌五七年七月には復旧した。

志喜屋記念図書館は、アメリカ式の開架方式で運営され、蔵書は決して多くはなかったが、学生たちの知識欲を満たした近代的な図書館であった。このような開架方式は現在の大学附属図書館にも受け継がれている。

宝くじや琉米親善委員会の募金、琉球大学後援財団の援助などで完成した志喜屋記念図書館の献納式（『琉球大学 50年史写真集』より）

宝くじの景品

一等百二十万円、二等は乗用車

図書館建設資金を集めるため、琉米親善委員会は「宝くじ」の販売を決定、一枚百二十B円（一ドル）、それに真鍮製の約三センチの鍵型バッジ＝写真＝を付けて売り出した。

宣伝ポスターは、琉大応用芸術科を卒業し、民政府情報教育部展示科に就職したばかりの安次富長昭が担当した。

景品は、一等が百二十万円（B円）、二等が一九五四年型オールズモビルの乗用車、三等がダッジ・ロイヤルスポーツクーペ。当時としては夢のような景品であった。

琉米親善委員会は、宝くじの宣伝のために、トラックに景品の車を乗せて那覇市内をパレードした。景品の車の前には英語の横断幕があり、それには車が「琉球国立《ナショナル》図書館《ライブラリー》」建設のための宝くじの景品であること、宝くじは一枚一ドルで、琉米親善委員会が販売していると書かれていた。『琉大風土記』によれば、宝くじは二十二万本も売れ、純益はすべて図書館建設のために寄付されたという。

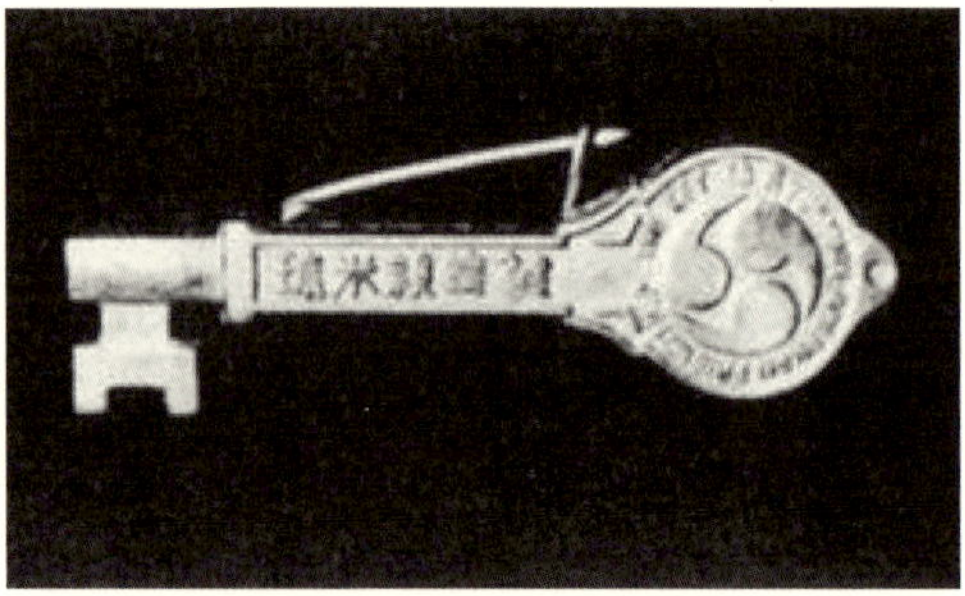

7　一九五六年の学生処分

一九五五年から五七年までのミシガン・ミッションのチーフは、アメリカ文学を専門とするカール・デイヴィッド・ミード教授であった。ミードは、五六年八月二十二日付けで、ミルトン・ミルダー学部長宛にレターサイズ四枚の報告書を書いた――。

「危機的状況」

「琉球大学における危機的状況について報告します。この状況はここしばらく続いていたものですが、最近になってついに爆発したものです。

この危機は、数ヶ月前に琉大文芸部が大学の許可なく雑誌を発行し、アメリカ合衆国を抑圧者と帝国主義者の国家であると激しく攻撃したことから始まりました」

一九五六年三月発行の『琉大文学』第二巻第一号（通巻十一号）には、アメリカを鋭く批判する作品群が掲載されていた。たとえば、新川明が書いた「『有色人種』抄」は、自らを黄色人種と呼び、沖縄に駐留する黒人兵への共感と「皮膚が黒いという尊さ」について語る詩篇で、アメリカの「白い人種」はファシストと二重写しになっている。風刺の対象になった者にとっては、神経を逆なでされるような作品であっただろう。

ミードは、さらに、『琉大文学』に対する米軍の圧力について、次のように報告した。

「雑誌に掲載された風刺画の一つは、アメリカ合衆国を琉球人に足かせをはめて虐待する奴隷所有者として描いています。ライカム（琉球軍司令部）は雑誌の英訳版を入手し、当然のなりゆきとして大学になんらかの対応を要求しました。

『琉大文学』には、共産主義者の弄する常套的な攻撃が書かれていたため、ＣＩＣ（米軍諜報機関）は学生や教員に対して調査を開始しました」

安里源秀学長は、『琉大文学』を半年間休刊とし、文芸部の顧問であった嘉味田宗栄を呼び、今後は挑発的な雑誌の発行を慎むよう、学生を説得することを命じた。

「危機的状況」は、さらにプライス勧告に対する琉大学生のデモ行進を契機とする除籍処分へと拡大した。七月二十八日に那覇高校で開催された「四原則貫徹県民大会」に約五百名の琉大生が参加、その後、八月八日にはコザ市で「中部地区琉大・帰省学生土地問題解決促進大会」が計画された。大会前日の七日、米三軍はコザを中心とする沖縄中部一帯を無期限のオフリミッツ（軍要員立ち入り禁止区域）とする声明を発表した。学生たちのデモはこれで勢いをそがれることになり、オフリミッツで「琉球人」たちの間に対立が生じた。これ以降、プライス勧告に対する「島ぐるみ」闘争は急速に勢いを失うことになった。

圧力強めるアメリカ民政府

学生の抗議行動を契機に、民政府は学生を処分するよう琉大に対する圧力を強めた。海兵隊は、琉大への二千五百ドルの奨学基金を引き上げ、米軍エンジニア協会も工学専攻学生に対する援助を打ち切った。琉大財団は、安里源秀学長宛書簡で、学生に対するすべての援助を打ち切ると通告した。

民政府の対応について、ミードは次のように書いている――。

「アメリカ人も琉球人も、ヴァージャー准将［米国民政府民政官］に対して、大学がなにもできないのであれば、民政官がなんとかすべきであると陳情を始めました。ヴァージャーは激怒し、すみ

国際通りをデモ行進する琉大の学生たち＝1956年7月25日（『琉球大学50年史写真集』より）

やかになんらかの措置がとられないのであれば、琉大財団を解散し、学長を免職にするとディフェンダーファーに言ったのであります」

八月十日、琉大理事会と琉大財団の緊急合同会議が開催された。ミシガン・ミッションのチーフとして、職責上、財団理事であったミードはこの九時間におよぶ会議に出席、その詳細をミルダーに報告した。琉大理事会は、「琉球人の男女七人」をもって構成され、理事は民政官の「認可」を受けて任命されていた。学長は琉大理事会が任命した。この会議の席上、財団理事であったディフェンダーファーは、民政府の意を体して学生の除籍処分を迫った。ディフェンダーファーは、(1)学生がデモの最中に「ヤンキー・ゴー・ホーム」と叫んだこと、(2)「圧制者を倒せ」というプラカードがあったことなどから、このデモを反米であるとし、学生の除籍処分を要求したのである。

琉大理事側は、これに対し、除籍処分を拒否、停学という妥協案でいったんはまとまりかけた。理事たちもこれに同意した。しかし、安里は、自分は学生を罰したくない、それゆえ理事会はまずは自分を免職にしてもらいたいと発言、このため最終的には学生を謹慎処分とすることで決着した。

当時、琉大学生会土地問題対策特別委員会の委員であった比嘉正幸は、五六年八月末に東大の加藤一郎助教授（当時）に手紙を書き、学生処分について副学長の仲宗根政善と面会したときのことを次のように書いた――。

「副学長は学生の立場をよく理解していると語り、理事会にのぞむ前に学長とあくまで学生を護ることを誓い、もし学生を処分するならばまず学長、副学長を切ってからにせよという態度でのぞむよう申し合わせ、学長もまた最後までその態度を堅持したとのことです」(『東京大学学生新聞』一九五六年九月十七日)。加藤は、五六年の前期、琉大で民法の集中講義を行ない、比嘉はその講義を受講していた。比嘉の手紙を紹介する東大新聞は、「嵐の中の琉球大学」という見出しをつけてほぼ全文を掲載し、「琉大の実状」を伝えた。

翌八月十一日、謹慎処分というぎりぎりの妥協案をもって、安里と理事たちはヴァージャーと交渉することになった。

民政官の最後通牒

比嘉正幸氏

ミードは琉大とヴァージャー民政官の交渉について次のように報告した。

「ヴァージャーは飢えた熊のように彼らを待っていました。彼は、学長と理事たちに、自分はこれまで非常に忍耐強く待っていたが、理事会が大学運営に関していかに無能であるかということを見せつけられただけだ、大学の決定はまったく受け入れがたいものである、と言い放ったのであります」

「飢えた熊」は、いらつき、怒り、抵抗する獲物を一撃でしとめようとする。ミードはそのような雰囲気を漂わせた民政官の姿を伝えようとしたのであった。

"Diffenderfer, go home!"

「ヤンキー」はアメリカ人全体を指す言葉として使われる。もともとこの言葉自体にはそれほどきびしい政治的な意味はない。しかし、アメリカが覇権を求めて世界に浸透し始めると、「ヤンキー・ゴー・ホーム」（"Yankee, go home!"）という叫び声が世界中で聞こえるようになった。

一九五七年、ミードに代わってロイ・アレグザンダー（教育学）がミシガン・ミッションのチーフになった。なにかにつけてミッションに干渉し、侮辱的な言動をするディフェンダーファー＝写真＝に業を煮やし、八月一日付けでアレグザンダーはミシガンの国際交流事業責任者のグレン・タガート学部長に書簡を送った――「彼はここでは嫌われ者です。去年のデモで学生たちが〝ヤンキー・ゴー・ホーム〟と叫んだのは、ほんとうは〝ディフェンダーファー・ゴー・ホーム〟のつもりで叫んだのだと、琉球人たちが民政府職員に言ったそうです」。

民政府民間情報教育部長としてのディフェンダーファーの任期は、同年九月一日で終わっている。

この日、ヴァージャーは、⑴共産主義の扇動者たちが大学を支配することがあってはならない、⑵扇動者たちを大学から永久に追放すること、⑶これ以上のデモを許さないこと、⑷この決定を下すために大学に二日間の猶予を与える、と琉大側に告げた。

理事長の前上門昇は、ヴァージャーに対し、琉大生の政治行動は「若人の純真な熱意に燃えて前後の分別もなくやったものであるから今回は特に大目にみていただきたい」と述べ、「謹慎処分」での決着を要請した。琉大側は、また、「誰がどのような行動をしたか、誰がどういうことを主張したか不明であり、共産分子が何人であるか判明しない」とも述べた。

しかし、ヴァージャーは、琉大の学生擁護は「事実と反するウソ」であり、琉大教員の動きも「再検討を要する」と発言、「もしも琉大の使命が将来沖縄に悪影響を及ぼす人々の温床となるならばむしろ琉大を廃止することが琉大にとってはタメになることであろう」と最後通牒を突きつけ、琉大教授会にも揺さぶりをかけた（八月十一日付け琉球新報）。一九五二年の琉球教育法（民政府布令六六号）には琉球大学に関する規定が書かれていて、理事会は大学に関する「一切のものに対して完全な管理権を有する」とされるが、その管理権には「民政官の許可を経て」という制限がついていた。

琉大はこれに抵抗することなく唯々諾々と学生の「除籍処分」に踏み切ったわけではない。八月十二日は午後七時から午前一時まで緊急評議会を開催、「慎重協議の結果学校当局としてはあくまで数名の学生を謹慎処分

ヴァージャー民政官

にする態度を再確認した」のである（八月十三日付け『琉球新報』）。翌十四日、「民政府との間に意見の一致点がみられず」、会議を続行し内部で激論が続くが、結論には至らない。しかし、この日も「学生から犠牲者を出したくないという方針」は崩れない（八月十四日付け『琉球新報』）。

八月十五日と十六日は、「ベーブ台風」の影響もあり、最終決定は先延ばしになった。そして、八月十七日、午前十時から理事会、学長、副学長、評議員を加えて会議を開催、「六名退学、一名謹慎」という決定を下し、その日の午後、民政官に報告した。この会議に関する琉大の記録は現在まで見つかっていない。また、琉大図書館蔵の『仲宗根政善日記』は、学生処分に対応する日付の部分が、数ページにわたって空白のままになっている。

贖罪の山羊

これが一連の経過であるが、ここで確認できることは、⑴琉大が当初「謹慎処分」に固執したということ、つまりこれが学内の最高会議で複数回にわたって確認された琉大の公式決定であったということ、⑵これに対し、大学存廃という最後通牒を突きつけ、「意見の一致点」をみるまで大学に強権で介入し続け、最終的に学生たちを「除籍処分」に追い込んだのは、ヴァージャー民政官であったということである。これが『琉大文学』を含む一連の琉大における「危機的状況」の結末であった。

安里は、その談話の中で、「大学を存続し将来の発展を図るために」学生を処分したと述べている。

理事長の前上門は「万一、廃校となれば、多くの子弟の大学進学への道がふさがれる結果になり、この点深く憂慮する」と述べた（八月十八日付け『琉球新報』）。いずれも苦渋に満ちた談話であった。

安里は孤立していた。学長室でひとり苦悩する姿が目撃された。最終処分を発表した後、安里は、抗議する学生たちに「土下座に近い格好」をして謝罪したという。

だが、いうまでもなく、もっとも苦しんだのは処分された学生たちであった。夏期休暇の最中に孤

1956年　8月18日　（土曜日）

琉大学生処分問題に結論

六名に退学、一名謹慎

理事長と学長、共同声明と談話発表

土地問題から端を発した琉大学生処分問題は各方面に深刻な波紋を投ずると共に琉大当局でも慎重を重ね、連日にわたり理事会および評議会を開催、成行きが注目されていたが、十七日の理事会で責任者六名を除籍処分、一名を謹慎処分することに決定した。

琉大学生の処分を伝える琉球新報
（1956年8月18日付け朝刊）

立無援の状況で処分されたのである。その挫折感、孤立感、そして一九五〇年代沖縄の経済状況からくる苦境は、想像を絶するものがある。民政官の圧倒的な権力の前に、マスコミも労組も政党も沈黙し、批判は大学に集中した。沖縄の言論が圧殺され、大学自治が蹂躙された日であった。

翌五七年一月二十八日、第二十七回琉大理事会が開催され、「処分学生」の転学や復学が議題になった。琉大は、文部省や那覇にあった日本政府南方連絡事務所と折衝しながら、学生の転学先を模索していた。安里はこの会議で次のように発言している。

「二月頃副学長に上京してもらい文部省や関係大学と折衝してもらいます。それから学資についても教職員会長の屋良氏もカンパによって集めたいと言っています。しかし教職員会が公然とするのは問題があります。しかしやりたいと言っている。入学が決定したらできます」

処分された学生たちは、アメリカ合衆国に対して公正さを求める沖縄社会と、誕生したばかりの大学の「スケープゴート」となった。すなわち、彼らは、政治的に未成熟な社会と、布令に呪縛された大学の苦しみを負わされて荒野に放たれた「贖罪の山羊」であった。

仲宗根政善と学生たち

他大学と転学折衝

学生の転学の問題で他大学との折衝を任された副学長の仲宗根政善＝写真＝は、日大、立命館、同志社などを訪ねた。

仲宗根は学生からの信頼が厚く、処分された学生たちは仲宗根にいろいろと相談した。立命館に転学した神田良政は、処分発表のあった日、下駄を履いて神里原を歩いていると、すぐに仲宗根先生に会いにいくようにと友人に言われた。仲宗根に会うのは初めてであったが、その人柄に接し、心

から尊敬するようになった。

学生会長であった古我知勇は、除籍処分が発表された後で、「ヴァージャーが張本人だと知っていたので、アポなしでヴァージャーに面会し、学生会の真意を説明した」。ヴァージャーは黙って見つめているだけであった。古我知が処分を受け入れたのは、「仲宗根先生の高潔な人格を尊敬したため」であったという。

立命館と同志社を訪ねた時、京都は雪が降っていた。仲宗根はこのような歌を詠んだ――

「自らの切りし生くびひさげ持ち大雪の御所をすぎたり」

8　一九六〇年前後――「幼児期を脱し」自立へ

琉球大学は、一九五〇年代から六〇年代にかけて、大学事務局編集で『週報』を発行していた。学内のできごとや理事会の決定事項などを報じるもので、第一号は一九五三年八月十日発行、A４判またはB５判のガリ刷りという体裁であった。五七年に『琉大週報』と名称を変更、五八年四月からは琉球新報社に印刷を依頼するようになった。

一九六〇年五月二十四日発行の『琉大週報』(第四一号)は、「開学十周年特集号」となっていて、「満十才を迎えた琉大／いよいよ発展の段階に」と見出しをつけている。

学長として二期目を迎えていた安里源秀は、「学長メッセージ」と題する文章を書き、「本学はようやく幼児期を脱し、これから手足を十分に伸ばして活躍出来る時期に達している。開学十周年を期して本学の飛躍的発展を図りたいものである」と書いた。

『十周年記念誌』や『琉大週報』をもとに、琉大がどのように成長してきたか、ふり返って整理してみよう。

琉球大学遠景── 1961年9月（『琉球大学50年史写真集』より）

充実する施設

創立当初の職員は四十四名、六学科（当初は「学部」と称していた）に学生数五百六十二名。首里城跡に、港川産の粟石とコンクリートを使用したハイブリッドの建築様式を有する本館と、八棟の赤がわら屋根の木造教室があっただけで、机や腰掛けは開学に間に合わず、学生は床の上にあぐらをかいて授業を受けた。学生寮は、文教学校から移築した十三棟のコンセットを使用していた。（ちなみに、このような琉大を「養子」にしたミシガン州立大学は一八五五年創立、ミシガン・ミッションが琉大に派遣された一九五一年には、学生と教員を合わせた数が一万四千九百九十六人で、百十六学科を擁していた）。

一九六〇年の琉大には、文理、教育、農家政工の三学部が置かれ、学科数は二十五、教員数は（学長を含んで）百六十七名、事務職員が二百六名、学生在籍数は女子六百十四名、男子千六百十九名で、総計二千二百三十三名となっていた。四年課程の卒業生は、五三年は二十六名であったが、六〇年には四百七十名になった。そのうち、半数あるいはそれ以上が、毎年、教職または学校関係に就職した。

施設面で言えば、文系ビル、教育ビル、理系ビル、農学ビル、工芸ビル、図書館、男子寮（北辰寮、南星寮）などの鉄筋コンクリートの建築物が建てられ、首里城跡は近代的な大学キャンパスに変貌していた。一九五九年二月十一日発行の『琉大週報』に、宮城喜久蔵（当時国文三年次）が「本土大学を見てきての琉球大学」と題するエッセイを寄稿し、このように書いた——「関西のK大、関東のL大、T大等でも琉大全景の写真を見て『うらやましい』を連発していたが、兎に角、施設面、特に学寮等は全国に例を見ない程素晴らしい。しかし問題は内部充実だ。今の所、文化系は良いけれど、理工科系の内部施設が貧弱であることを否定はしない」

ミシガン州立大と協約

施設面の充実と、それに見合う研究レベルに到達することが大学に課された使命であることはだれもが意識していた。五八年一月十五日発行の『琉大週報』に、仲宗根政善副学長は「創設から発展の段階へ」と題するエッセイを書き、次のように指摘している。

「職員学生のたゆまざる努力によって積み上げられる研究成果の高さのみが本学の高さを表示しま

す。その高さを誇示するには共同的長期の研究計画を樹立することが必要ではなかろうか。明るい自由な雰囲気を醸成し、もっと学問研究人の情熱を燃やし、激しい努力を続けるべきだと痛感されます」

琉大の変貌は、大学の予算の推移にも反映されてきていた。一九五一年度から五三年度までの予算は、ほぼ全額米国民政府が支出したものであった。しかし、五四年度から民政府の支出がだんだんと減少し、かわりに琉球政府（一九五二年発足）の負担、つまり沖縄住民の税金からの負担が増大するようになった。

たとえば、五二年度の歳入予算額は約三十五万九千ドルで、これは米国民政府が全額負担している。だが、五九年度は総予算額が約八十六万五千ドルで、そのうち民政府負担が十九万ドル、琉球政府の負担が約五十二万九千ドル、残りは授業料などの学内収入などとなっている。

ミシガン州立大学との関係も見直されることになった。一九六二年年七月六日、「琉球大学とミシガン州立大学との協力計画に関する協約」が締結され、陸軍省や米国民政府を通すことなく、直接に協約を結ぶことで提携を強化することを確認した。琉大の与那嶺松助学長とミシガンのハンナ学長が署名した協約の第一項は次のように書かれている。

「琉球大学とミシガン州立大学は、それぞれ独立した高等教育機関として互いに尊敬し合い、対等の地位に立って、今後協力することを約束する」

「養子」が自立して歩み出した瞬間であった。この協約締結後、ミシガン州立大学の教員や学生たちが琉大を訪問、琉大からは数人の教員が客員教授として招聘され、ミシガンの教壇に立った。

稲嶺一郎氏の奨学金

唯一の「沖縄人」による援助

『琉大週報』には、琉大財団の奨学資金に関するさまざまな情報が印刷され、奨学金を必要としている学生たちによく読まれていた。

一九六〇年五月二十四日発行の『琉大週報』四ページに、「がんばってくれと一、〇〇〇ドル」の見出しで、琉石社長の稲嶺一郎氏＝写真＝が琉大財団に奨学資金を寄付した記事が掲載されている。財団に贈られる奨学資金のほとんどが、在沖のアメリカ人またはアメリカ本国からのものであったが、稲嶺氏の奨学金千ドルは、「唯一の沖縄人による援助」であった。稲嶺氏は五九年にも同額の奨学資金を財団に贈っていた。

奨学資金の使途は、高良鉄夫教授の「ハブ研究」の助成費として一〇〇ドル、残りは招聘教授の研究費や学生の奨学金に使われた。

稲嶺氏は、琉大だけでなく、琉球育英会や大浜奨学資金にもそれぞれ千ドルを贈っていたという。

この金額は、当時で言えば、琉球政府の課長クラスの一年分の年収に相当する額であったと言われる。

9　琉球政府立琉球大学

布令第三〇号

開学当初の琉大の設置や管理形態を規定したのは、一九五一年一月十日に発布された布令第三〇号であった。その第一条に「茲に琉球大学と称する社会情報教育上の法人を創設する」とあり、第二条で「本学の本館は、沖縄群島の首里市に置く」とし、第三条でその「目的」を次のように定めた。

「大学設立の主要なる目的は男女学生に芸術、科学及びその他の専門職業に関する高等教育を施すことにある。

また大学は琉球列島の成人に占領軍の政策に反せざる限り言論、集会、請願、宗教、出版の目的をふくむ民主国の自由を促進し、一般情報に関する事項を普及する」(『アメリカの沖縄統治関係法規総覧Ⅱ』)。

大学を管理するのは理事会であったが、その決定は民政副長官の「承認」を経なければならず、琉大は実質的に軍政府の管理下に置かれていた。この布令で琉大設置の「目的」と管理運営の根拠が明確になったが、布令三〇号は高等教育を規定する法律としてはきわめて拙劣なものであった。「民主国の自由を促進」すると謳いながら、民主主義の根幹に抵触するような「占領軍の政策に反せざる限り」という制限を設けることで、布令自体が内部から崩壊してしまうようなものになっていた。「教育の主催者として軍部は最悪の組織」だと指摘した湧川清栄の声が聞こえてくるような文言である。

一九五一年十二月十三日、琉大学長室で第三回理事会が開催された。この会議にはアーサー・ミードが出席していて、「いま琉大は布令三〇号によって運営されていますが、新しい中央政府が出来ますとこの三〇号はなくなる事になります……。私はここに大学に関する法律を提出してありますから皆さん方の批評を受けたいと思います」と発言した。

琉球政府立大学へ移行したころの琉球大学構内＝1966年（『琉球大学30年』より）

「新しい中央政府」とは五二年に発足した琉球政府のことであり、その発足にともなって法律体系が再編され、教育に関しては「琉球教育法」（布令第六六号）が成立、琉大はこの法律の第一四章で規定されることになった。

布令第六六号と第三〇号との大きな違いは、大学の「目的」に関する文言であった。布令六六号は、大学を次のように規定した。
「沖縄本島首里に本校を置く琉球大学（以下本学と称す）は琉球男女に対し中等教育の基礎の上に一般教養及び専門教育を施すものとする。本学は琉球の人々に対し一般的及び専門的知識並に教育を普及しその経済文化の発展を促進し且つ民主主義諸国民を理解しその慣習を学び、その自由即ち言論、集会、請願及び出版の自由を得ることに助長せしめるのを目的とする」（『アメリカの沖縄統治関係法規総覧Ⅱ』）

この布令からは「占領軍の政策に反せざる限り」という文言が削除され、民主主義教育の促進と、地域の「経済文化の発展」のために研究と教育の成果を普及するという、ランド・グラント大学の理念が強調されている。さらに言えば、この「目的」の背後に、占領地域に対する「再教育政策」（リオリエンテーション・プログラム）が継続されていることが透けて見えるはずである。

琉大では、五三年ごろから、布令による大学の管理運営ではなく、民意を反映した民立法で琉大の管理運営がなされるべきだという「基本的な態度」が学内で確認されていた（『琉球大学三十年』一九八一年）。

一九五九年二月一日、安里積千代立法院議長や平良幸市委員長ら社大党幹部が琉大を訪問、安里学長や評議員らと懇談した。この懇談会で、当時の真栄城朝潤事務局長が、一九五三年から五九年までの七年間の琉大総経費の六九・七％が琉球政府からの支出でまかなわれており、「琉大は植民地大学でもなんでもなく純然たる琉球住民による琉球住民のための大学である」と述べ、琉大で構想された政

真栄城朝潤氏

府立大学としての組織機構図を説明した。これに対して、安里立法院議長は、「最高学府である琉大に対しては社大党としては出来るだけ協力は惜しまないつもりでいる」と応えた(一九五九年二月十一日発行『琉大週報』)。

学内では一九六〇年あたりから数回の全体会議が開催され、大学のありようが議論された。第九代学長金城秀三は、「政府立大学」への移行をアメリカ側が認めたのは、沖縄住民の「自治権拡大の要望」や、アメリカ側の財政負担が軽減されるということが背景にあったと指摘している。首里キャンパスの恒久建築物はほとんどすべてが米国民政府予算によるものであったが、六〇年代半ばまでには、大学運営費については琉球政府負担が急速に増大していた。

「布令」の呪縛から解放

政府立移行への動きは、なによりも「布令」の呪縛から解放されたいという琉大の強い願望から生まれたものであった。これが立法院への「法提案理由の第一番目」にかかげられている、と真栄城朝潤が指摘している(座談会「琉球大学三十年を顧みて」、『琉球大学三十年』)。

一九六五年八月二十五日、琉球政府立法院によって琉球大学設置法と琉球大学管理法が制定され、六六年七月一日、琉大は琉球政府立大学となった。「布令による大学」から「民立法による大学」への変貌であり、沖縄の住民が自主的に管理する大学が誕生した瞬間であった。翌六七年、琉大は法文学部、教育学部、理工学部、農学部の四学部（二十八学科）と教養部に改編された。

政府立か公法人か

民立法による大学を「政府立」にするか、「公法人」にするかで学内の議論は大きく分かれた。

大学の予算は、琉球政府の歳出予算、補助金、さらには授業料などで構成されるが、大学経営の自主性を重視し、大学の自治を明確化する、というのが法人案の骨子であった。

布令第三〇号は「法人琉球大学を創設する」と謳い、第六六号も「法人組織」を引き継いだが、管理運営には民政官の「承認」や「許可」が必要とされていたため、「大学の自主性」や「大学の自治」に民政官が介入できるようになっていた。

結局、沖縄の教育関係法のすべてが日本法にならっているため、「法人」よりは「純然たる政府立」の方が法体系上すっきりするという理由から、最終的には「政府立案」で落ち着いた。（一九六一年二月十四日発行『琉大週報』）。

日本の大学が法人化されたいま、琉大が六〇年代半ばに法人として新たな出発をしていたら、二十一世紀の日本の大学のモデルになっていたであろうという声もある。

10　ミシガン・ミッションの帰国

第五代高等弁務官フェルディナンド・T・アンガー陸軍中将は、一九六八年二月二十日付けでミシガン州立大学に書簡を送り、同年六月三十日をもってミシガン・ミッションに関する契約を打ち切ると通知した。当時、ミシガン州立大学顧問団は、琉大に四人の教員と三人の短期プログラム担当者を派遣していて、そのための予算は十五万ドルであった。一九五一年からの経費は、総計で百五十六万六千九百六十一ドルに達していた。

琉大の琉球政府移管に関する記述で指摘したように、六六年に琉大が琉球政府立になったため、米国民政府は琉大に対して直接に責任を負うこともなくなった。六六年からは日本政府援助が増大し始めていた。七〇年には民政府援助はほぼゼロになり、かわりに日本政府援助が大学の総予算（約三〇億円）の三割（約十億円）を占めるようになっていた。日本復帰が目前に迫っていた。

「養子」の自立に尽力

契約打ち切りの通知は、ミシガンには予期せぬことであった。ミシガンの国際事業部副部長で琉大担当であったミラー・ペリーは、六八年二月二十八日付けでアンガーに返事を送り、このような突然の通告はミシガンでは驚きをもって受けとめられていると書いた。ミシガン側は、契約は六九年度まで継続されると六七年に民政府から伝えられていたため、教員派遣の二年計画を立て、関係する学科との事前調整をすませていた。琉大からは土木工学、土壌学、繊維学の専門家の派遣を依頼され、その人選もすでに済ませてあった。また、琉大新キャンパスの設計のため、コンサルタントとなる専門家を派遣する準備も進めているところであった。

同年三月五日、ハンナ学長はアンガーに書簡を送り次のように書いた。

「本学は、一九五〇年以来、琉球大学と協力関係を築いてきました。私たちは琉球大学の発展に大きく貢献してきたと感じています。このような協力関係が終了することはまことに残念であります」

ハンナは、さらに、ミシガン州立大学はこれまで大学全体で琉大を支援してきたが、これからは相互に満足できる方法で協力関係を維持したいと述べている。

一九五〇年の事前調査から六八年六月まで、ほぼ十八年にわたって、ミシガン州立大学顧問団は琉大の教育・研究や大学設計について助言し、「養子」が自立できるように力を尽くした。ミシガ

約18年間にわたる教育交流プロジェクトを終えたミシガン州立大学顧問団の送別会＝1968年6月（『琉球大学50年史写真集』より）

ン・ミッションが琉大を去った六八年、大学は四学部（二十八学科）を擁し、学生数は約三千五百名に達していた。また、大学予算は五四年から六八年までにほぼ十倍に膨れ上がっていた。

ミシガンから派遣された教員や専門家は延べ五十八名、最初の顧問団が到着した五一年の琉大の教員数は約三十名であったが、六〇年には百六十七人、六八年には二百三十八人に達していた。琉大の教育と研究の向上をはかるため、アメリカ政府、日本政府、ロックフェラー財団などが琉大を支援したが、一九六〇年までには約五割の教員がアメリカで研究や研修を行っていた。そして多くの教員がミシガン州立大学で学び、研修を受けた。また、アメリカの大学で博士号を取得した数人の琉大の教員が、客員教授として同大の教壇に立った。

一つの時代の終わり

琉大の卒業生は、六八年までに六千五百人に達し、そのほぼ半数が教職についた。先に指摘したように、一九五一年五月二日、アメリカ教育評議会会長アーサー・S・アダムズは、ミシガンのハンナ学長に書簡を送り、軍政府が大学を創立した主要な目的の一つは、「学校教育全体を戦前の日本的教育から民主主義教育に変えていくという陸軍の努力をより効果的にするため」であったと述べた。ミシガン側から見れば、教員を養成し戦後の琉球諸島の教育の復興に力を尽くした琉大は、その目的を十分に達成していたと言えるだろう。また、大学行政、カリキュラム編成、教育方法と評価基準、研究と普及等について、誕生したばかりの大学が自立できるように指導し協力したミシガン側の功績は、きわめて大きいと言わねばならない。

ランド・グラント大学の理念の柱の一つである「普及活動」について言えば、琉大は「普及部」を設置し、現職教員の研修や農業の復興に力を入れた。五〇年代には毎年多くの現職教員が普及活動による研修を受けていた。「普及活動」は日本の大学には存在しないものであり、大学の教育と研究の成果を沖縄の（つまり大学が置かれた地域の）復興のために活かそうとする試みであった。

一九六二年から六三年まで、ミシガン・ミッションの団長を務めたレイモンド・ハッチは、六三年にその母校のアシュランド大学同窓会誌に次のように書いた。

「長きにわたって持続するものがあるとすればそれは私たちの教育に対する貢献であろう。［中略］琉球大学の卒業生や将来この大学で学ぶ学生たちは、このような教育に対する貢献がその文化の原動力となったと考えることだろう」

さまざまな議論があるにしても、ミシガン州立大学が沖縄史上初の大学の発展に大きく貢献したことは否定できない。ミシガン・ミッションの帰国は、一つの時代が終わったことをはっきりと告げるものであった。

高等教育研究

世界につながる歴史共有

ポストコロニアリズムの研究対象の一つは教育であり、その中でも高等教育研究は重要な成果を生み出してきている。

アメリカが世界に浸透していったさいに、どのような教育モデルが「輸出」されたか。例えば、インド、ナイジェリア、インドネシア、南米の数カ国に、「ランド・グラント大学」をモデルとした大学が設立されているという。また、ハワイ、フィリピン、プエルトリコ、グアムなど、琉大と類似する歴史的背景を有する大学が世界に存在する。この点で言えば、琉大は「琉球諸島」に孤立して存在する大学ではなく、世界につながる歴史を有する高等教育機関である。

これらの大学はどのような経緯で設立され、どのような理念やカリキュラムを有し、どのように発展してきたか。このような問いに答えることは、琉大を世界史的、文明史的な枠組みの中で理解することを可能にする。いうまでもないことであるが、このような研究は、多様な分野の研究者たちによる共同研究を必要とする。

11　国立大学移行——全学一体となって

一九六六年の琉球政府立移行、六八年のミシガン州立大学顧問団の帰国など、琉大は急速に変貌しつつあった。六五年には佐藤栄作首相が来沖、「琉球大学に医学部を設置する」と記者会見で発言し、医学部設置に向けた動きが始まった。（六八年の保健学部、八一年の医学部設置については、沖縄タイムス社編『琉大風土記—開学40年の足跡』が詳しく記録している）。六九年十一月には、佐藤とニクソン大統領による共同声明が発表され、七二年の沖縄の日本復帰に向けて協議を始めることが確認された。

琉大の国立移行は、佐藤・ニクソン共同声明ではっきりと学内で意識されるようになったが、予算を見ると、六六年から日本政府の援助が始まり、六八年から全予算の約三割を日本政府が負担するようになっていた。復帰したときには国立に移行するという、「教官始め学内一般の不文律的なものがあった」と第七代学長池原貞雄が指摘している（座談会「琉球大学三十年を顧みて」、『琉球大学三十年』）。

琉球大学の基本構想

国立移行の動きは、実は、六〇年代初頭に始まっていたとみることもできる。一九六二年七月七日発行の『琉大週報』は、「全国々立大学学長会議から学長帰る」の見出しで、東京で開催された同会議への与那嶺松助（第四代）学長の出席を伝えている。六五年六月には、国立大学協会総会に「オブザーバー」として島袋俊一（第五代）学長が招聘されている。この会議に事務局長として同行した真栄城朝潤は「一九六八年には復帰の暁は、日本の最南端の国立大学になることは、ごく自然であるという認識が日本政府（文部省内部）でもだんだんと定着してきた」と発言している（座談会「琉球大学三十年を顧みて」、『琉球大学三十年』）。このころ、大学一覧や職員録などの文部省刊行物に、琉大が掲載されるようになった。

六〇年代後半から七〇年代初頭までの国立移行に向けた主な動きを、『琉大ニュース』創刊号（七二年一月一日）に従って、時系列的に整理してみよう——。

六七年七月、日本政府総務長官の諮問機関「沖縄問題懇談会」が、「琉球大学は国立大学とし、同大学の教職員は日本政府の国家公務員とする」と答申した。六八年一月、琉大は、助言を得るため、大浜信泉元早大総長、茅誠司元東大総長、森戸辰男元広島大学学長らを首里に招き、文部省の専門官も調査のために来学するなど、国立移行の動きが本格化した。

六九年二月、琉球政府に設置されていた「琉球大学国立化問題等審議会」が、行政主席に「復帰時の国立移行を政府の意志として本土政府に正式に表明すること」などを建議、同月開催された行政府局長会議で国立移行が確認され、その要請書を行政主席名で日本政府と関係機関に送付した。

七〇年一月には、琉大に学長の諮問機関として「琉球大学基本構想委員会」が発足し、国立移行にともなう将来構想について検討することになった。基本構想委員会（山里清委員長）は、各学部から選出された十三名の若手の教授、助教授を中心に構成されていた。委員会は、五月と六月はほぼ毎日会議を開催、夕方から始めて五、六時間かけて大学の概念や教育・研究のありようについて議論し、同年六月に「琉球大学の基本構想について」と題する答申をまとめている。

日本の伝統を越えて

答申は、琉大の基本的な性格を次のように設定した。

「本学を普遍的かつ、自由な研究と教育を行う総合大学とし、教育と研究を組織的に分離して、機能的に統合することにした。また、大学の使命という観点から、琉球大学をして、社会の諸要請に応ぜせしめるべく『開かれた大学』として構想した」

教育と研究組織を分離し、学生の教育や科目履修を固定する傾向をもつ「学科制」を廃止、それに代わるものとして、学習者の専攻分野の選択（変更）の自由を保証する「専攻プログラム制」の導入を提案するなど、同報告は先端的な構想を提起した。また、沖縄を地理的に南北アジアの「遷移点」にあると位置づけ、南北両地域の研究上の拠点としての役割を果たす「南北センター」構想を打ち出すなど、斬新な構想が盛り込まれた答申であった。

琉大開学時の『学生便覧』（一九五〇年）は、「本学はアメリカ的なものでもなく、日本的なものでもなく」、新しい大学をめざすものであると謳《うた》ったが、七〇年の「答申」で浮かび上がってきたビジョンは、まさに日本の伝統的な大学像を越えていこうとする意気込みを反映するものであった。しかし、「答申」の先端性や斬新さは、国立移行時に具現されなかった。委員であった東江平之は、答申をまとめる過程で、大学のありようや教育・研究について全学で徹底して議論した、目には見えないけれども、これは国立移行後の琉大の多くの教職員に浸透し継承されたのではないか、と述べている。

国立移行にともなう文部省との折衝は難航した。事務的には、文部省で研修した係長レベルの若手事務官たちの活躍があったと真栄城朝潤は回想している。まさに全学一体となった取り組みであった。

一九七二年五月十五日、沖縄の日本復帰にともない、琉大と短期大学部は国に移管され、国立大学となった。開学二十二年目のできごとであった。

現在の千原キャンパス

移行、移転、学生運動

困難な課題に向かい合う

琉大は一九六五年に現在の千原キャンパスへの移転を決定し、六七年には土地の購入を始めていた。六九年には、カリフォルニア大学から専門家を招き、新敷地に関する長期計画が立案された。大学は、六〇年代後半から七〇年代半ばにかけて、「移行」と「移転」という難事業を抱えていたのである。

一九七〇年、学長に就任したのは農学部教授の高良鉄夫＝写真＝であった。第八代学長として、高良は、国立移行については文部省と、土地購入については中城村、（当時の）西原村、

そして宜野湾市との交渉の席についた。ときには議会でつるし上げられ、夜は公民館で地主と懇談会を開いた。最後は経理部長を中心とした事務方が交渉を担当した。

七〇年前後は学生運動がピークに達した時期でもあった。高良は拡声器から聞こえてくる「移転反対」や「国立移行反対」の声に悩まされた。学生との交渉が決裂すると、建物が封鎖された。

いずれも、青年期に達した大学に課された困難な課題であり、試練であった。

V
資料編「ミード報告」

ミード報告

琉球大学ミシガン・ミッション

一九五六年八月二二日

ミシガン州イースト・ランシング
ミシガン州立大学
ミルトン・E・ミルダー学部長

親愛なるミルダー学部長

琉球大学における危機的状況についてご報告いたします。この状況はここしばらく続いていたものですが、最近に至ってついに爆発したものであります。この危機は、数ヶ月前に琉大文芸部が大学の許可なく雑誌を発行し、アメリカ合衆国は抑圧者と帝国主義者の国家である、と激しく攻撃したことから始まったものです。雑誌に掲載された風刺画の一つは、アメリカ合衆国を琉球人に鉄の足かせをはめて虐待する奴隷所有者として描いています。ライカム（琉球軍司令部）は雑誌に掲載された論文などの英訳版を入手し、当然の成り行きとして大学になんらかの対応を要求しました。『琉大文学』には共産主義者の弄する常套的な攻撃が書かれていたため、CIC（対敵諜報機関）が学生や教員に対して調査を開始しました。CICには、文芸部顧問の国文科教授に関する調査記録がすでに保管されていました。

私はすぐに安里〔源秀〕学長に会って話しをしました。その結果、最悪の論文は学生たちによって書かれたものではなく、那覇にある新聞社の記者と、仲宗根という卒業生が書いたものであることが判明しました。仲宗根は現副学長の弟であるということであります。このような論文を書いた者は二人とも、CICのリストに共産主義者として名前があがっている人物たちです。文芸部の顧問は、雑誌の発刊前に、内容を検閲するどころか、なにが書かれているのか調べることすらしておりません。また、学生部や、このようなことに責任を負っている副学長も、なにもしていなかったのであります。要するに、大学全体が怠慢であったと言うべきでありましょう。

この問題を調査してみて、私は学生たちが外部の反米扇動者にだまされていると感じました。しかしながら、CICをキャンパスから排除し、このような問題の再発を防止するために、私は次の四点を安里学長に提案しました。すなわち、(1)『琉大文学』を一年間、休刊とすること、(2)顧問教員を戒告処分にし、顧問を解任すること、(3)学生編集者や執筆者を譴責し、謹慎とすること、(4)琉大文芸部を保護監察下におくこと、であります。安里学長は、雑誌を半年間休刊とし、文芸部の顧問には、今後は挑発的な雑誌の発行を慎むよう学生たちを説得することを命じました。しかし、これは学生たちにとって実質的な影響はなく、学長は実際には学生が自由に活動できる状況を与えたようなものです。このことは次に発刊される雑誌が証明してくれることでしょう。

プライス勧告の発表以来、土地問題で沖縄は大きく揺れています。琉球人たちは合衆国による土地の新規接収に反対し、土地代の一括支払いではなく、一年ごとに土地代を支払うことを要求しています。プライス勧告に反対する住民集会がこれまで何度も開催されていますが、合衆国がこのような集会に介入しなかったということはきわめて重要なことであります。地元紙は、これは反米運動ではなく、また反米運動に発展すべきではないと繰り返し主張しています。学生たちは七月中旬に那覇で開催された集会に参加し、そのときに初めて、反米プラカードを使用しました。学生の中には、熱心に反米意識をかき立てようとする者がいました（例の文芸部のグループがそうです）。琉大学生会会長の古我知〔勇〕は、集会で反米演説を行いました。

集会の翌朝、私は学長室に行きました。それから一〇日間、ほとんど毎日学長室に行き、安里学長と話し合いました。私は、さまざまな理由を上げ、できるだけおだやかな言葉で、この問題についてなんらかの措置を講ずるよう進言しました。許されることと許されないことがあること、その境界を学生に示すべきだと言いました。アメリカの資金で運営されているこの大学で、反米思想が大きな問題になることは自明のことでした。琉大財団の緊急会議がなんども開かれ、護得久〔朝章〕氏や国場〔幸太郎〕氏が安里氏に対して説得を試みました。しかし、これはまったく無駄なことでした。安里氏は、学生の反応や社会からの批判を恐れて、まったく動こうとしないのです。その上、安里氏は、学生の一連の行為は悪意でやったことではないと主張しました。護得久氏はなんども癇癪を起こし、このような弱気な態度では学長職はつとまらない、と発言しました。

七月二八日の那覇での大集会〔四原則貫徹県民大会〕の開催が発表されると、私たちはクライマックスが近づいてきていると感じました。学生たちは集会を開き、歌を歌い、プラカードを用意し始めました。彼らは、首里警察署から、首里を下りて行進し、集会に参加する許可を得ていました。私は、学生たちのデモをやめさせるよう、安里氏に嘆願しました。ディフェンダーファー、護得久氏、そして他のひとびともことの重大さについて安里学長に警告しました。二八日の朝、安里氏は、反米デモはしないように古我知に注意すると私に約束しました。古我知は、反米的なことはしない、と約束したそうです。しかし、二、三時間後には、三〇〇名の学生が（「圧政者を倒せ」などと書かれた）プラカードを持ち、「ヤンキー・ゴー・ホーム」とシュプレヒコールしながら、首里の坂を下りていきました。沖縄では、このデモで初めて、このシュプレヒコールが叫ばれたのです。琉大の学生たちのデモ隊に、日本の大学から帰省した沖縄人学生たちが合流し、やがてはげしいジグザグ・デモになりました。古我知はこの集会で激烈な反米演説をしました。また、完全に混乱した大衆が、沖縄における共産主義政党の指導者である瀬長を、日本に派遣する彼らの代表として選出しました。軍司令部諜報班（G2）は、古我知や他の学生指導者たちが、その日の午前中に瀬長の自宅で会議をしたことを事前に知っていたようです。

万事休す、でした。学生たちはルールを無視して勝手に動いてしまいました。彼らのデモに対するアメリカ側の反応は手厳しいものでした。アメリカ人たちはアメリカ民政府（USCAR）に電話をし、学生たちに対してなんらかの対応をするよう要求したのです。私は毎日学長室に出かけていき、安里氏に学生指導者たちの処分を勧告しました。しかし、学長は学生の反応をおそれるあまり、まったくなにもしないのです。護得久氏は安里氏を見放してしまい、われわれは新しい学長を選出すべきだと提案しました。この一連のできごとの間、私はいちども安里氏につめたい物言いをしたことはありません。私たちの友好的な関係を損ないたくなかったからです。安里氏は古我知と話し合うことに同意し、実際に話し合いを持ちました。しかし、これは無益な話し合いに終わりました。安里氏は私の言葉にいつも注意深く耳を傾けてくれましたが、決して反論せず、ほとんど自分の意見を言いませんでした。いつも寡黙に座っているだけなのです。

一〇日が過ぎました。処分はなにもありません。その間に、学生たちは、コザでデモを行うと発表しました。合衆国はすぐさまコザと沖縄中部をオフリミッツ（軍要員立ち入り禁止区域）にしました。（学生たちの行動を止めないとこのようなことが起こるだろう、と私たちはくり返し安里学長に進言してありました）。もちろん大騒ぎになりました。琉球人たちはことのなりゆきに動転し、大学に対して怒りをあらわにしました。学生たちをコザで待ち受けていたのは、ナイトクラブ経営者、レストラン経営者、バー経営者など、商売をめちゃめちゃにされた一五〇〇人ほどのひとたちでした。学生たちはコザから立ち去るように言われたのです。

これで安里氏は多くの琉球人の支持者を得ることになりました。しかし、それでも彼は動こうとしません。そのうちに、アメリカ海兵隊は琉大に対する二五〇〇ドルの奨学基金を引きあげてしまいました。また、米軍エンジニア協会も、工学専攻学生に対する援助をとりやめてしまいました。援助を受けていた学生の一人が反米デモに参加したというのがその理由でした。アメリカ人たちはひどく腹を立てていました。琉大財団は、安里学長宛書簡で、学生に対するすべての財政援助を打ち切ると宣言しました。（幸運なことに、これは夏休み中の出来事でありました）。

このようなことがあってから、アメリカ人も琉球人も、ヴァージャー准将（米国民政府主席民政官）に対して、大学が学生に対してなにもできないのであれば、民政官がなんとかすべきであると陳情を始めました。ヴァージャーは激怒し、すみやかになんらかの措置がとられないのであれば、琉大財団理事会を解散し、学長を免職にするとディフェンダーファーに言ったのです。この頃までに、学生たちは嘉手納や普天間でも住民に追い払われていました。翌日、私は理事会と財団の緊急会議に出席しました。この九時間に及ぶ会議で、アメリカ側は学生指導者たちの除籍とこれ以上の学生デモは許されないということが絶対条件であると明確に述べたのですが、理事側は除籍処分を拒否し、停学ということで妥協案がまとまりそうになりました。これについては理事たちも同意したのですが、安里学長は、自分は学生を罰したくない、それゆえ理事会はまずは自分を免職にしていただきたいと発言し、そのため最終的には学生を謹慎処分にするという案で決着しました。私たちの議論はこれでふたたび無駄になってしまった、と私は感じました。

翌朝、理事たちと安里氏はヴァージャー准将に会議の結論について報告しました。ヴァージャーは飢えた熊のように彼らを待っていました。彼は学長と理事会に対し、自分はこれまで非常に忍耐強く待っていたが、理事会がいかに大学運営に関して無能であるかということを見せつけられただけだ、大学側の決定はまったく受け入れがたいものである、と言い放ったのです。さらに、われわれは琉球のひとびとのために大学を設立したのであって、共産主義の扇動者たちが大学を支配することがあってはならない、扇動者たちを永久に大学から追放すること、そしてこれ以上のデモは許されないこと、この決定をするために大学側に二日間の猶予を与える、とヴァージャーは彼らに告げたのです。

ベーブ台風の接近で審判は遅れることになりました。台風が通り過ぎる間、私たちは二日間、家の中に閉じこめられていたのです。八月一七日、理事会と安里氏はヴァージャー准将に報告書を提出しました。彼らはアメリカ人と琉球人全体に対して学生たちの行為を謝罪し、六人の学生指導者たちの除籍処分を発表しました。もう一人の学生（これは女子学生）は、謹慎処分となりました。報告書は受理されました。実際、理事会と学長には、報告書を提出するか、あるいはさもなければ辞任するということ以外に、選択肢はなかったのです。現在、除籍処分に対して大きな波紋が広がっています。新聞各紙は学生たちが反米であったことを否定し、報告書の撤回を求め、一社は理事会と学長は辞任すべきであると主張しています。早いうちにまたすべてが元どおりの落ち着きを取り戻し、仕事にもどれることを願っています。学生たちは怒りに燃え、抗議集会を開くことを発表しました。しかし、安里学長は、次の指示があるまでは、いかなる種類の学生集会も認めないという指示を出しました。

今後の展開についてはまたご報告いたします。ミシガン・ミッションにとって、これからも非常に難しい状況が続きます。疑いもなく、アメリカ人であるということだけで、私たちにも敵意が向けられています。プライス勧告をどうにかしないことにはここの状況は安定しないでしょう。アジテーターたちはもう二ヶ月も人々を扇動し続けています。やがてひとびとの目は大学から他のところへと向けられることでしょうが、そうであったとしても、これから先も私たちは多忙をきわめることになると思います。学生の除籍処分でアメリカ人たちの感情もやわらいだはずですので、奨学金も元どおり大学に戻ってくることでしょう。大学をめぐる不幸な状況の中でもベストを尽くすしかないと思っています。このような騒ぎがあっても、私たちは琉大の発展のため、さまざまな計画を遂行していくだけです。

敬具

デイヴィッド・ミード

註〔　〕内の文言は翻訳者（山里）が補足したものである。

［解説］──ミード報告を読む

1　危機

一九五一年五月、アメリカ教育評議会は、国内の十二、三の大学に書簡を送り、戦争の荒廃から立ち上がろうとする社会と創立されたばかりの大学が援助を求めている、この大学を「養子」にするアメリカの大学をさがしていると述べ、各大学に公募に応じるよう依頼した。一九五〇年に沖縄に誕生した「世界でいちばん若い大学」に、大学行政、教育、研究、学外普及講座などについて指導できる大学が必要とされている、とこの書簡は強調している。これは米国陸軍省の委嘱を受けたもので、ランド・グラント大学であることが応募の条件となっていた。

ランド・グラント大学とは、公有地を無償で提供されるかわりに、地域に研究の成果を還元する大学を指す。ハーバードやプリンストンのような「象牙の塔」ではない。ランド・グラント大学は、十九世紀半ばにリンカーンが署名したモリル法により設置され、女性、有色人種、労働者階級、移民、マイノリティに高等教育の門戸を開放した。琉大は、このような大学をモデルとして創立された大学であった。

ミシガン州立大学は、ランド・グラント大学としてはもっとも古い大学のひとつで、要求されていた選考基準をすべて満たしていた。ミルダーは当時の文理学部長で、琉大に関するミシガン側の責任者であった。ミシガン州立大は、一九五二年から四、五人からなる教授団（いわゆるミシガン・ミッション）を琉大に送り、助言者として復帰直前までの約十八年間、さまざまな分野で琉大を指導した。ミードは、五五年から五七年までミッションのチーフをつとめ、五六年は琉大財団理事として大学中枢のできごとを直接に知り得る立場にあった。専門はアメリカ文学であった。それぞれのミッションは、琉大の発展状況について三ヶ月ごとに詳しい報告書を作成し、ミシガンに送っていた。現在もこの報告書がミシガン州立大学公文書館に保管され、ミード報告もミシガン・ミッションの公式文書として、大学の公文書館に保存されている。

『琉大文学』第二巻一号には、アメリカを鋭く批判する作品群が掲載されている。たとえば、「新聞社の記者」（新川明）が書いた「『有色人種』抄」は、自らを黄色人種と呼び、沖縄に駐留する黒人兵への共感と「皮膚が黒いという尊さ」について語る詩篇で、世界の「コロニアルな」歴史や奴隷制度などを視野に入れた作品である。アメリカの「白い人種」は、「ヒットラーとムッソリーニが白かった程に白いキミら」と表現され、ファシストと二重写しになる。この作品は、皮膚の色に呪縛された五〇年代ユーロ・アメリカンの人種差別を批判し、同時に「コロニアル」な状況におかれた沖縄人の主体の確立を宣言するものでもある。風刺の対象になった者にとっては、神経を逆なでされるような

「最悪の作品」であっただろう。

ミードが言及する「鉄の足かせ」は、白い足と黒い足が足かせをはめられたカットである。新川作品と反響しあうカットであるが、このカットの白い足は、黄色い足であると同時に、じつは「奴隷所有者」と揶揄されるアメリカ自体も、足かせをはめられ自由を喪失した存在であることを逆説的に表象する。

五〇年代半ばのアメリカの批判精神は、マッカーシー旋風と冷戦の恐怖で凍てついてしまっていた。このような背景でみれば、『琉大文学』のラディカリズムが、コミュニズムの亡霊にナーバスになっていたライカムやアメリカ民政府の中枢にどのような衝撃を与えたか想像できるであろう。

ミードは創立六年目の大学を（「養子」を）弾圧から守る助言者の役割を自らに課していた。だから、CICを学内から排除し、ことを穏便におさめようと安里に助言する。安里は、ミードの助言に耳を傾けるように見えながら、最終的には独自の判断をしている。だから、その決定はミードにとってはかならずしも満足できるものではなく、学生にとって「実質的な影響はない」と、彼は報告書に書くのである。

2　緊急会議

ミード報告を読むさいの私自身の主要な関心は、沖縄現代文学にあるのではなく、沖縄における「大学の誕生」の意味と、一九七二年以前の琉球大学の発展のプロセスを記述することにある。つまり、高等教育機関を持ち得なかった社会が、歴史上初めて一九五〇年に大学を有するようになった背景や、そのような大学を設計した文化や思想を理解することがこのような資料を読む動機となっている。簡単に言えば、これは沖縄におけるアメリカ研究の一環でもある。復帰以前の琉球大学はアメリカ合衆国の社会や文化を逆照射するものとなっていた。（あるいは、沖縄側の視点で言えば、「琉球大学以前」と「琉球大学以降」という歴史的カテゴリーも可能なのかもしれない）。ミード報告はこのような現象に対する関心を深めていく中で遭遇したものであった。

一九五六年の学生処分（いわゆる「第二次琉大事件」）については、すでにいくつかの資料がある。特に、嶺井政和氏（『琉大文学』二巻一号責任編集者）の「琉大が燃えた日」は、除籍処分を受けた当事者が語る詳細で迫力に満ちた記録である。また、『琉大風土記――開学40年の足跡』（沖縄タイムス社編）もこの事件を取りあげ、沖縄側関係者の証言をもとにくわしい報告をしている。これに対し、ミード報告は、「第二次琉大事件」をアメリカ側の視点から記録した文書である。一九四五年以降の沖縄の多くの出来事は、まだ深い闇の中にある。五六年の学生処分についてもすべての資料が出揃ったとは言いがたい。ミードの報告は、沖縄側のドキュメントと相互補完的に読まれることで、沖縄戦後思想史、文学史、あるいは文化史をより深く、より具体的に理解することを可能にする。

プライス勧告を契機として、アメリカの沖縄統治に対する批判と抵抗が「島ぐるみ」のものになった経緯については、もはや言及する必要もないだろう。琉大の学生たちも当然この運動に参加した。

ミードは、『琉大文学』二巻一号（十一号）の内容と学生の政治行動にいたる一連のできごとを報告し、これが同一グループによる連続する「反米」活動とみなされていたということを示唆する。「反米」的言辞やコミュニズムの浸透ということについて、いかにアメリカ側が過敏になっていたか、時代の雰囲気をよく伝える文書である。また、『琉大文学』はまさにそのような言説に満ちた定期刊行物であり、部員たちは「反米」意識を扇動する者として見られていた、ということも報告書は明記する。

一九五六年の琉球大学財団は七名の理事で構成されていた。理事長は護得久朝章、理事は国場幸太郎、ロイ・仲田、H・アール・ディフェンダーファー、カール・D・ミード、安里源秀、翁長俊郎であった。ディフェンダーファーは、民政府情報教育部長として民政府の意を体する存在で、学生処分についてもっとも強硬であったと言われる。ミシガン・ミッションの団長は職責上の理事であった。ミードは、一人の理事として、自らも参加し目撃した財団理事会での激しい議論や葛藤を報告する。この報告により、琉大財団や琉大理事会における核心部分の具体的なやりとりがほぼ明らかになった。

創立当時の琉大の財政についてはミードが述べているとおりで、大学への援助、奨学金の授与や学生への貸し付けを行う琉大財団は、アメリカの資金や寄付金で運営されていた。たとえば、志喜屋記念図書館は、財団の資金で建設されたものであった。財団の基金は、沖縄在住のアメリカ人個人や団体、あるいはアメリカ各地の団体からの寄付によるものであった。

3　処分勧告

琉大の設立は一九五〇年であったが、開学記念式典は翌五一年二月十二日に挙行された。これは第十六代アメリカ大統領リンカーンの誕生日であった。

ＧＨＱ司令官ダグラス・マッカーサーは式典にメッセージを送り、「古代の琉球国王の玉座があった場所に建てられた大学が……アブラハム・リンカーンの誕生日に開学式典を行うということはまことに適切なことである。……人間の精神を奴隷化しようともくろむ勢力に対し、自由を擁護する者たちがふたたびその力を結集しようとする中で、琉球大学は誕生した」と述べた。連合軍最高司令官は、冷戦に色濃く染まった言葉で、大学の誕生を祝福したのである。

式典は午前十時に始まった。アメリカ民政府副長官ロバート・Ｓ・ビートラー少将も、その挨拶の中でリンカーンに言及し、次のように述べた――「我々は彼が信念に生き、市民に対する信頼、奴隷や圧政を嫌悪し、公衆のための法律、正しい政府の熱烈な擁護者であったことを良く記憶している。かかるが故にこのリンカーンの誕生日にあたって、自由と文明のために三十四の建物を含む学園を開校することは本官にとって無上の光栄且つ欣快とするものである」（『琉球資料』）。

アメリカの日本占領の最大の目的の一つは日本の民主化であった。教育制度はそのための主要なターゲットであり、沖縄占領においてもアメリカの政策は変わらない。アメリカ教育評議会からミシガン州立大学ハンナ学長に送られた一九五一年五月二日付け書簡は、アメリカ軍政府による琉大設立の目的は、アメリカ型教育で教員を養成し、それにより戦前の日本型教育を退け、学校教育全体を民主主義教育に変えていくことにあると記している。

ハンナ学長は、アメリカ教育評議会への返書で、琉大では「フリーハンド」で仕事ができることを保証してもらいたいと述べている。つまり、ミシガン側は軍の干渉を排し、大学の中で自由に仕事ができることを要求した上で、琉球大学を「養子」にすることを承諾したのであった。しかし、五〇年代の沖縄では、アメリカの大学人や研究者といえども、「フリーハンド」で仕事をするということはままならぬことであった。だから、ミシガン・ミッションとアメリカ民政府との間には表にあらわれない葛藤が存在した。

一九五一年一月十日に発布された布令三〇号は、「五六年の学生処分」を理解するためのもう一つの重要な文書である。布令は次のように述べる――「大学設立の主要な目的は男女学生に芸術、科学及びその他の専門職業に関する高等教育を施すことにある。又大学は琉球列島の成人に占領軍の政策に反せざる限り言論、集会、誓願、宗教、出版の目的を含む民主国の自由を促進し、一般情報教育に関する事項を普及する」(『アメリカの沖縄統治関係法規総覧Ⅱ』、傍線は筆者)。これはあまりにも拙劣な文章である。さすがにアメリカ側も、翌五二年二月二十八日発布の布令六六号で、傍線部の文言を削除せざるを得なくなる。傍線部の文言は、民主主義の理想が忘れ去られた瞬間の痕跡である。だが、言葉は削除されても、布令三〇号があらわにした冷戦思想は、一九五六年まで生き続けることになった。

これが一九五六年の学生処分のおおまかな背景である。リンカーンの理念と、ランド・グラント大学をモデルにした新しい大学は、高いこころざしに支えられたものであったはずである。しかしながら、そのような理想とこころざしは、冷戦の最前線ではきわめて不寛容で抑圧的なイデオロギーに変容してしまう。そしてそのようなイデオロギーが、新しい大学で「民主国の自由」を学んだ学生たちの思想と衝突し大学本来の理念をゆがめてしまうという、きわめて皮肉な展開となるのである。

4 「飢えた熊」

ディフェンダーファーは、G2（諜報部）からの報告を受け、⑴学生がデモの最中に「ヤンキーゴーホーム」と叫び、⑵「圧政を砕き……」というプラカードがあったという理由でこのデモは反米的なものであったと断じたという（『琉大風土記』）。ミードは「圧制者を倒せ」というプラカードがあったとミルダー学部長に報告するが、プラカードの内容はほぼ同一のものと見ていいだろう。

「ヤンキー」は古くから使われているアメリカ人を指す言葉である。南部人からみたら、ヤンキーは北部人であり、北部人からみたらニューイングランド人がヤンキーである。だから、この言葉自体にもともとは重い政治的な意味はない。しかし、アメリカが覇権を求めて世界に浸透し始めると、「ヤンキー・ゴー・ホーム」という叫び声が世界中で聞こえるようになった。このスローガンは、もともとはラテン・アメリカあたりで始まったものではないかという説があるが、詳細は不明である。しかし、だれにでもわかる、初歩的な英語が三語組み合わされただけのこのスローガンは、そのわかりやすさ、簡潔さ、力強さで瞬く間に世界中に広がってしまった。そして、それがコミュニズムの浸透と深く絡まり合うようになると、政治的に重大な意味を帯びたスローガンとして受け止められるようになるのである。

米軍(ミード報告では「合衆国」)は、学生の運動を止めるために沖縄中部地域をオフリミッツにする。沖縄人の間に葛藤が生じることになった。これは統治者が用いる古典的な手法である。民政官ヴォナ・F・ヴァージャーにはアメリカ人だけでなく、琉球人からも電話がかかってくる。激怒した民政官は、琉大財団の解散をほのめかし、学長を免職にすると発言する。琉大財団は学生への援助を打ち切るなど、真綿で首を絞めるようなことを始める。

琉大理事は民政官の「認可」を受けて任命され、沖縄人だけの構成になっていて、学長を任命する権限を有していた。財団については先に述べたとおりであるが、大学の財政を握り、民政府の意を体したディフェンダーファーが理事となっていた。琉大理事会と財団の九時間に及ぶ合同会議は、学生の除籍を迫るアメリカ側と、抵抗する琉大側のせめぎ合いとなった。ミード報告の意義は、このような内部の核心的な議論を直接目撃した者が、そこでなにがおこったかということを文書化したものであるということであろう。とりわけ、安里学長の発言は、この文書で初めて明らかになった。

『琉大風土記』は、「安里は学生の処分に強く反対したと言われる」と書いているが、ミードはさらに具体的に、自らの職を賭した安里の抵抗の様子を報告する。さらに、『琉大風土記』は、この会議で安里が「処分する具体的な理由が明確でない。なにを根拠にだれを処分するのか」と発言したとも述べている。当時もいまも、この問いに明確に答えた者はいない。これは、五十年間、公正な答えを先延ばしにされてきた重い課題である。

謹慎処分という決定は、冷戦を生きる職業軍人ヴァージャーに通用するものではなかった。翌朝、安里をはじめとする理事会メンバーはヴァージャーに大学としての決定を報告する。すでに前もって会議の結果を知らされていたのであろう、ヴァージャーは「飢えた熊」のように彼らを待っていた。いらつき、怒り、いまにも襲いかかり、抵抗する者を一瞬にして葬り去ろうとするような、緊迫した雰囲気を伝える比喩である。このような比喩を敢えて使ったミードが、ヴァージャーからどれほどの心理的な距離を感じていたか、あるいはこのような比喩が琉大側理事たちをどのように矮小な存在に見せるか、ここには文学を教えるミードの計算されたレトリックが埋め込まれている。そしてこの報告を読む読者は、圧倒的な臨場感をもって、一九五六年の沖縄におけるアメリカ民政府主席民政官の権力を感じることができるはずである。

5　審判の日

琉大が学生の「謹慎処分」を決定し、民政官に報告したのは一九五六年八月十日のことであった。

この決定に関する安里の対応については先述したとおりである。しかし、この日から十七日の「除籍処分」決定に至るまでの琉大の対応については、十分に知られているとは言えない。

つまりこういうことである。八月十日、琉大理事会理事長である前上門昇は、ヴァージャー民政官に対して、琉大生の政治集会は「若人の純真な熱意に燃えて前後の分別もなくやったものであるから今回は特に大目にみていただきたい」と述べ、「謹慎処分」での決着を要請した。これに対して民政官が「断固たる処分」を要求すると、理事の一人は「私たちには断固たる処分に出ようとしても誰がどういう行動をしたか、誰がどういうことを主張したか不明であり共産分子が何人であるか判明しない」と発言したのである。前上門たちは、民政官に要請し、反論しつつ、学生を擁護しようとしたのであった。

しかし、ヴァージャーは、琉大の報告は「事実と反するウソ」であるとし、琉大教員間の動きも「再検討を要する」と発言する。さらに、「もしも琉大の使命が将来沖縄に悪影響を及ぼす人々の温床となるならばむしろ琉大を廃止することが琉大にとってはタメになることであろう」と最後通牒を突きつけ、琉大教授会にも揺さぶりをかけた(『琉球新報』、八月十一日)。このやりとりは、これよりほぼ百年前、一八五三年のペリー提督と首里王府のやりとりを彷彿させる。ペリーは、首里王府の「二枚舌」を信用せず、その書状の受理を拒否し首里城を占領するかまえを見せた。琉大の報告書も民政官に一蹴される。歴史がオーバーラップする瞬間である。

琉大はこのあと「ただちに」学生の「除籍処分」に踏み切ったわけではない。八月十二日は午後七時から午前一時まで緊急評議会を開催、「慎重協議の結果学校当局としてはあくまで数名の学生を謹慎処分にする態度を再確認した」のである（『琉球新報』、八月十三日）。翌十四日、「民政府との間に意見の一致点がみられず」、会議を続行し内部で激論が続くが、結論には至らない、しかし、この日も「学生から犠牲者を出したくないという方針」は崩れない（『琉球新報』、八月十四日）。十五日と十六日は、ミード報告にあるように、「ベーブ台風」の影響もあり、最終決定は先延ばしになる。そして、八月十七日、午前十時から理事会、学長、副学長、評議員を加えて会議を開催、「六名退学、一名謹慎」という決定を下し、その日の午後、民政官に報告したのである。ミードは財団理事であったから、この一連の会議には出席していない。また、この会議に関する琉大の記録は現在まで見つかっていない。

これが一連の経過であるが、ここで確認できることは、(1)琉大が当初あくまで「謹慎処分」に固執したということ、つまりこれが学内の最高会議で決議された琉大の公式決定であったということ、(2)これに対し、大学存廃という最後通牒を突きつけ、「意見の一致点」をみるまで大学に介入し続け、最終的に学生たちを「退学処分」に追い込んだのは、民政官であったということである。この学生処分が、「ミード報告」の冒頭にあるような、『琉大文学』を含む一連の琉大における「危機」的状況の結末であった。民政府は、「ディーウィデ・エト・インペラー」（分割して統治せよ）という古典的マキャベリズムで大学と社会の力を削ぎ、学生の「退学処分」（ミード報告では「永久追放」）という目的を達成したのである。

安里は、その談話の中で、「大学を存続し将来の発展を図るために」学生を処分したと述べている。

理事長の前上門は「万一、廃校となれば、多くの子弟の大学進学への道がふさがれる結果になり、この点深く憂慮する」と述べた（『琉球新報』、八月十八日）。いずれも苦渋に満ちた談話であった。

安里は孤立していた。学長室でひとり苦悩する姿がしばしば目撃されたという。しかし、いうまでもなく、もっとも苦しんだのは処分された学生たちである。夏期休暇の最中に、ほとんど孤立無援の状況で処分されたのであった。その挫折感、孤立感、そして五〇年代沖縄の経済状況からくる苦境は、想像を絶するものがある。

ミードはプライス勧告の不当性をほのめかす。彼にとってはこれが精いっぱいの批判であっただろう。そして一九五六年の琉大で仕事をせざるを得ない、アメリカの大学人の苦しさをミルダーに告白する。ミシガン・ミッションの琉大への貢献の大きさについては、十八年におよぶ膨大な報告書をみれば一目瞭然であるが、これについて語るにはすでに紙幅が尽きた。

処分された学生たちは、アメリカ合衆国に対して公正さを要求する沖縄社会と、誕生したばかりの大学が成長するための「スケープゴート」となった。すなわち、学生たちは、社会と大学の両方の苦しみを負わされて荒野に放たれた「贖罪の山羊」であった。民主主義の精神が凍結されたような五〇年代に、一条の自由の光をもたらそうとしたこの方々の勇気に、私は深い敬意を表したいと思う。一九五六年からすでに五十年、琉大同窓会が中心となって名誉回復運動も始まっている。この方々が耐えてきた年月が報いられることを、切に願うばかりである。

あとがき

本書は、二〇〇八年一月から十一月まで、「琉大物語」のタイトルで四十回にわたって琉球新報文化面に連載された文章に、加除訂正を加えて一冊にまとめたものである。また、二〇〇六年に同紙に連載された「ミード報告を読む」を資料として付した。

私の研究分野はアメリカ文学である。本来はアメリカの詩や小説や演劇を論じることを期待されている分野であり、カリフォルニア大学に提出した博士論文ではアメリカ現代詩を取り上げた。しかし、どういうわけか、いつも本筋を離れようとする力が私の文学研究に加わろうとする。最近は、文学という領域だけではなく、「アメリカ研究」と呼ばれる学際的、総合的な領域で仕事をすることが多くなってきた。

これは私が沖縄の研究者であることと無縁ではないような気がする。沖縄に生まれ、沖縄で成長した人間として、一九四五年以降、いやペリー提督が来航した一八五三年以降、沖縄と密接な関係を有するアメリカを理解するためには、文学だけでなく、さまざまな領域に越境しながら考える必要に迫られたと言ったほうがいいのかもしれない。だから、これまで、戦後沖縄の文化接触や、オキナワ系アメリカ文学の研究にも取り組んできた。いずれも先行する研究に乏しい領域であった。本書でも、文学研究から越境しながら、しかし同時に文学的な研究方法も取り入れながら、沖縄に誕生した史上初の大学について書こうと試みた。これもまた先行研究に乏しいテーマであった。

このような研究に関心をもつようになったのは、一九八九年十二月八日、琉球大学で湧川清栄氏の講演を聴いたことが発端となっている。本文でも触れたが、湧川氏の講演はきわめて刺激的なもので、私は氏の発言の背景にあるものを理解すべく、ゆっくりと資料の収集にとりくむことになった。振り返ってみれば、氏の講演から二十年が過ぎようとしている。一次資料も二次資料も乏しい中で、資料探しに苦労したということもあるが、これは本来の仕事の分野ではないという意識が働いて、ゆっくりとした歩みになってしまったようだ。

また、私がハワイ大学で学んだということも、このような研究をするようになったもう一つの動機になっている。沖縄の日本復帰が決まってすぐに沖縄からの「米留」=米国留学制度が廃止されたため、「米留」をめざして琉球大学に入学した私は行き場を失ってしまった。幸い、ハワイ大学から自転車で十分の場所に住んでいた親戚が入国のためのスポンサーになり、空いていた部屋を提供してくれた。七二年三月に琉大を卒業したあとで働いて貯めた十分でない資金と、母が摸合で準備してくれた学資を持って、七三年一月の冬学期に私はハワイ大学英文科大学院に入学した。アジアからの学生にとって、当時のアメリカでは一学期百五十ドルというハワイ大学の授業料がいちばん低額であり、部屋代と食事の心配をしないでもいいということは、貧乏留学生にとってはきわめて幸運なことであった。

そのハワイの沖縄系ディアスポラで湧川氏の名声を初めて耳にした。いつかお会いして直接にいろいろとお話ししたいと願っていたが、大学院の授業の準備と大学図書館でのアルバイトに追われるばかりで、ハワイ大学在学中にはついに氏にお会いすることはなかった。その後、カリフォルニア大学博士課程に進学し、アメリカ詩を中心に研究した。湧川氏のことや、ハワイの沖縄系のひとびとのことはいつも気になっていたが、専門外のことだという意識が強くはたらき、研究の対象としては遠い存在になっていた。

氏の講演を聴いたのは、アメリカ現代詩に関する博士論文を書き終え、カリフォルニア大学からPh.D.（博士号）を取得し、心理的にすこし余裕が出た頃であった。講演の後、氏の発言の背景に潜んでいるものが気になり始め、ハワイ大学にいく機会があれば、ハミルトン図書館のスペシャル・コレクションズ（特別資料室）で資料収集をするようになった。そこで読んだ資料の中でも、湧川氏が編集人として発行した『更生沖縄』は、当時は研究者がまだだれ一人として使用していない資料であり、ハワイでの大学設立運動や沖縄側の動きについて、じつに多くのことを教えてくれた。これは本書の根幹をなす資料の一つである。

本書を書く契機となったことをもう一つだけ書いておきたい。

私の資料収集は、先述したように、じつにゆったりとしたものであったが、ミシガン州立大学公文書館での資料収集で一気にいろいろなことがわかるようになった。同公文書館は、一九五一年から琉大に派遣されたミシガン・ミッションの詳細な報告書を保管する、一次資料の宝庫であった。

ミシガンには、同僚の言語学者石原昌英氏と一緒に、二度、資料収集で出かけていった。一九九九年、時差からくる眠気とたたかいながら英文資料の山に埋もれていると、一九五六年に書かれた一つの報告書が妙に気になった。最初の段落だけを読み、よく理解できないままそばにおいたものの、どうしても気になってもう一度読んでみた。読んでいるうちに、だんだんと遠い記憶がよみがえってくるような気がした。眠気も吹っ飛んだ。それは琉球大学の学生時代に国文の岡本恵徳先生から聞いたこと、一九五六年の学生処分に関する報告書であった。

私は英文専攻の学生であったが、国文の岡本先生にいろいろと教えを乞うたり、先生の授業を受けたりしていた。復帰前の騒然とした時代に、岡本先生が私たちの悩みを真摯に受け止め、一緒に考えてくださったことは大きな救いであった。私たちの世代の人間には、岡本先生に対する深い敬愛と感謝の思いがある。先生が還暦を迎えられたときには、神谷厚輝氏や大城貞俊氏らと相談し、「飲み会です」と先生にお伝えして十二、三人が集まってお祝いをしたこともあった。

復帰前の時代の重圧を感じながら、苦悩の果てに自ら命を絶った友人もいた。大城貞俊氏が「椎の川」で具志川文学賞を受賞した夜、授賞式の後で私は車で岡本先生を首里のご自宅までお送りしたが、その車の中で先生がぽつんと「君たちは死なないでよかった」とおっしゃった。普段はそのようなエモーショナルなことは口にされない醒めた方であったが、その夜は国文出身で教え子の大城氏の受賞もあって、こころの奥底にあった感慨を漏らされたのであろう。私は後で大城氏に電話をし、このことを伝えた。

ミシガンで読んだ報告書とは、本書に資料として付した「ミード報告」のことである。いつか資料としての整理がついたらまっさきに岡本先生にご相談し、読んでいただくつもりでいた。ところが、いろいろな事情を考慮して私が逡巡している中、岡本先生がお亡くなりになった。入院されているということは聞いていたが、そのような重篤な状態であるとは知らなかった。

先生の告別式のあとで、私はその報告書を翻訳し、大城立裕氏と新川明氏にファックスでお送りして読んでいただいた。お二人とも公表すべきだとのご意見であった。私にはそれでもなおためらいがあった。当事者の方々がどう受けとめられるのか、それがいちばん気になったのである。新川氏に再度電話をし、ご意見をおうかがいしたら、五十年前のことについてだれも知らなかったことが書かれているのだから、これは公表すべきではないかと言われた。岡本先生にはついに読んでいただけなかったという後悔の念もあり、当事者の方々にもやはり読んでいただくべきであろうと考え、公表することにした。

親しくしていただいていた（当時の）琉球新報論説委員長の上間了氏に連絡し、文化部の宮城修記者とお二人に琉大でお会いした。宮城記者が担当することになり、文化面で五回にわたって「ミード報告を読む」と題して連載し、ミード教授の報告の全文を翻訳で紹介しながら、それに解説を加えた。原稿執筆や紙面の都合などで新報第一面に最初の記事が出たのは、岡本先生の四十九日の日であった。ミシガンでこの報告書を読んでから、公表までに少なくとも六年はかかったと思う。背景の分析や資料の検討などで時間がかかったということもあるが、公表が遅れたのは、なによりも当事者の方々にご迷惑をおかけすることを恐れたのである。

この報告書の公表には大きな反響があった。琉大は、就任したばかりの岩政輝男学長の決断で、当事者の方々に謝罪するとともに、学生簿に記された処分事項を抹消することを決定した。また、当事者の皆様に大学においでいただき、岩政学長が直接に謝罪して処分取り消しの伝達式を行った。このことは、地元紙はもとより、全国紙やＮＨＫなどの主要メディアで報道された。

これは予期せぬ展開であった。大学の誕生の研究という地味な仕事が、このようなかたちで現実に反映されていくということは予想だにしなかった。これは、大学の誕生と成長について調べてみたいという素朴な思いに駆られ、資料を収集していく中で起こったことである。このような貢献ができたことは、一研究者としては望外のことであった。


「ミード報告」の連載を終えたあたりから、多くの読者からもっと詳しく琉大の歴史について書いてほしいという要望が寄せられた。私としては、必要だと思われる資料の収集は決して終わったわけではなく、あれもほしい、このような資料も入手したいと思うばかりであったが、すでに湧川講演から十五年ほど経っていて、資料もある程度そろってはいた。研究者の悪い癖で、資料が完璧でないと書けないという思いが先行したのであったが、琉大も創立からほぼ六十年、収集した一次資料を用いて新しい角度から光をあててみることも可能かもしれないと思うようになった。特に、これまであまりくわしく書かれていない琉大誕生前の四〇年代後半の動きや、創立後の五〇年代については、まだだれも使っていない一次資料のストックがある程度できていた。いろいろと悩んだが、多くの方々の激励もあり、思い切って書き始めることにした。

本書の特徴は、なによりも新たに発見された一次資料を多く使用し、一九五〇年の琉大誕生前後から七二年の国立移行直前までのことを物語として語ろうとしたことにある。六〇年代からはほぼ資料がそろっていて、新たな一次資料もあまり出てこない。しかし、四〇年代後半から五〇年代にかけての大学設立に関する一次資料は、ほとんど未発見の状態であった。だから、本書の特徴は、別の言い方をすれば、琉大誕生前後のできごとを中心にしながら、その後の軌跡について沖縄側とアメリカ側の一次資料を多用しつつ、できる限りくわしく述べようとしたことにあると言えるだろう。

記述の方法については、これまでの琉大に関する記述とはことなる視点から、わかりやすく、読みやすく琉大のことを書いてみたいと考えた。そのためには、事実関係だけを伝える研究論文というよりは、基本的な事実をきちんと押さえながら、物語ふうに書いてみるのがいちばんいいだろうという結論に至った。湧川清栄氏らがハワイで大学設立運動を始めてからすでに六十年余が経過し、直接に話を聞くこともできないとすれば、ある程度の語りのふくらみを許容する「クリエイティヴ・ノンフィクション」の手法をとることは、歴史のダイナミズムをつたえるのにふさわしい手法ではないかとも考えた。これは私の専門領域であるアメリカ文学のノンフィクションの分野で使われる手法で、事実は曲げないが、ある程度は書き手の想像力による語りが許容される書き方である。本書で言えば、湧川氏がその書斎でハワイの沖縄援助のありようについて思索をめぐらす場面などに、この手法を用いたつもりである。しかし、これについてもまったく根拠がないというわけではなく、湧川氏の次女で、ハワイ在住のアリス・マック氏の回想がヒントになっている。湧川氏は、自宅で本の山に囲まれながら、いつも静かに思索をしていたとアリスさんから聞かされたのである。一次資料の情報には手を加えないが、このようなちょっとした場面には、語り手の想像力による描写を挿入した。

「物語」という手段は、E・W・サイードが言うように、コロニアルな状況にある者が、自らのアイデンティティや歴史を主張する手段ともなりうる。琉球大学の「沿革」という「物語」は、いまだに、基本的には創立以来の米軍政府側の「物語」を踏襲し、その痕跡を残すものとなっている。本書は、そのような「物語」を、沖縄側の視点から、そのような大学で米軍統治の重圧を日常的に感じながら学んだ者が、新たに発見された資料を用いて再検討したいと考えて書かれたものでもある。環太平洋のオキナワ系ディアスポラを巻き込んだ大学創立運動や「琉球政府移管」という、これまであまり語られなかった「エピソード」を挿入した理由もそこにある。本書は、沖縄側の大学創設の動きを前景化することを試みた「物語」である。

琉大の歴史という、すでに語り尽くされていると思われていた分野にあえて越境していった理由はすでに述べたが、もう一つだけ言うならば、これまでに記述されている琉大の歴史が、ほとんど沖縄側の資料や証言に依拠していて、繰り返し同じ情報が伝えられてきたということがあげられる。本書の記述が先行する記述と大きくことなり、その特徴ともなっていることは、先述したように、なによりも本文で使われている多くの一次資料にある。つまり、例えば、沖縄県史にある志喜屋孝信知事と米軍部とのやりとりなどのように、すでにその存在を知られている資料については新しい切り口から解釈したが、本書の大部分をしめる記述については、ハワイ大学図書館やミシガン州立大学公文書館に保管されていた一次資料に基づいた情報や知見をもとにして、新たな大学誕生の物語を書くことを試みたのである。保管されていた資料には、英文資料だけでなく、沖縄側の資料（日本語資料）も数多く含まれていた。日本にはこのような資料を保管している機関はない。このような資料を丁寧に整理し保管していたことには敬服するしかない。

さまざまな資料を読み分析する中で、そこに記述された琉大像の中にはある種の偏りを有するものがあることに気づいた。そのような偏りとは、琉大について、「布令大学」あるいは「植民地大学」という視点が強調され、コロニアルな色彩を色濃く帯びた大学としてのイメージが先行する傾向にあるということであった。たしかに、創立初期は、冷戦の洗礼を受けながら大学は成長していった。米軍部の規制は厳しく、本文で記したように、大学設立の根拠となった米軍政府の布令自体が民主主義を否定するような拙劣きわまるものであった。このような文書を読むと、創立初期の大学にまとわりついていた一定の「コロニアル」な雰囲気を否定することはできない。しかし、「布令大学」または「植民地大学」という言説だけで琉大を語ろうとすることにも無理がともなう。当時、布令に呪縛されていたのは高等教育機関だけでなく、言論の自由を擁護する牙城であるべきマスコミも含めて、沖縄社会の深部まで「布令」による支配が貫徹されていたのである。

本書が提示した一次資料の多くは、大学が誕生する前後の様相を具体的に伝えるとともに、沖縄史上初の高等教育機関というものがいかに複雑な背景を有していたかを雄弁に語っている。また、これらの資料は戦後沖縄社会を理解するためのさまざまな視点を提供するものでもある。本書の有するあまり目立たない役割の一つは、このような問題に関して、新たな一次資料を提供していることであろう。このような資料の存在は、従来の政治的価値判断にもとづく枠組みをいま一度ゆるやかにときほぐし、戦後沖縄と琉大を見る視点を再検討することを要請する。

先行する記述とことなる本書のもう一つの特徴は、このような戦後社会の状況を説明しながら、同時に琉大内部における沖縄の大学人たちの葛藤を記述し紹介しようとしたことである。たとえば、一九五六年、強権をちらつかせながら学生処分を迫る米軍部に対し、琉大は唯々諾々と従って学生を処分したわけではない。強大な軍事力を背景に首里城入城を要求するペリー提督と王国の官吏たちのかけひきを再現するかのように、首里城跡からやってきた琉大の学長や理事長は、あらゆる言説を動員しながら、「飢えた熊」のようにいらだつ民政官に対して学生たちの行動を擁護し、寛大で雅量ある対応を要請したのであった。大学は民政官に「恫喝」されて「ただちに」学生を処分したわけではない。連日、深夜まで会議を続けながら、できるかぎりの抵抗を試みたのである。マスコミや政党や労組が直接にヴァージャー民政官を批判することなく沈黙する中で、唯一、抵抗したのは大学当局と学生たちにほかならなかった。当時、弾圧の「張本人」であるヴァージャー民政官と直接対峙したのは琉大当局であり、民政官の強権で除籍に追い込まれた学生だけであった。

一次資料は大学がもがきながら抵抗する様子を鮮明に記述し、現実がいかに複雑であったかをよく示している。「布令大学」という視点からなされる記述は、琉大の複雑な軌跡を十分に語り得ない。「コロニアル」な状況からの脱却を目指して、もっとも忍耐強く努力したのは琉大当局であった。琉大の琉球政府移管は、このような、いわば「コロニアル」な状況に対する沖縄社会の抵抗が結実したものであったとみることもできる。当時の真栄城事務局長の「琉政移管」前後の発言にこのことがよく感じられるであろう。そしてこれは沖縄社会全体が支え可能にした移管であり、夢の実現であった。

大学は社会工学的な機能を有する。大学は青年を教育することで、その社会を経済的、文化的に自立したものに変えていく機能を付与され、社会も大学にそのような創造的な役割を期待する。実際、これは琉大が創立時から沖縄社会に対して担ってきた重要な役割の一つである。

大学は、また、「脱・教育」のための強力な手段であり、古い神話やイデオロギーを駆逐し、新しい神話や思想を流布させ浸透させる機能も有する。たとえば、ハーバード大学はピューリタン（清教徒）たちがアメリカに移住して六年後に創立されたが、これは基本的にはカルビニズムを保護し普及するという役割を担った大学であった。ハワイ大学は、「ハワイ王朝に反逆する勢力によって設立された」とハワイ大学の歴史を記述する歴史家たちが述べている。つまり、「アメリカ民主主義」（または十九世紀アメリカの「マニフェスト・デスティニィ」と呼ばれる「帝国の思想」）を体現する勢力が、その設立の背景に存在したということである。

琉大に関して言えば、その創立者たちが企図したことの一つは、「アメリカ民主主義」の社会への浸透と、一九四五年以前の皇民教育の脱神話化であった。親泊朝雄は、琉球併合後の日本政府が取った教育政策は、日本政府に協力的な教員を養成することにあったと指摘する。琉大の主要な役割の一つは、学校で「民主主義」を教える教員の養成であるというアメリカ教育審議会のアーサー・アダムズの言葉は、このような歴史を背景に理解されるべきであろう。

しかし、「アメリカ民主主義」の「福音」は、沖縄側とアメリカ軍政府の大学創立に関する思惑が〈合流〉するという事実にもかかわらず、軍政と冷戦を背景として、さまざまな混乱をもたらすことになる。また、設立当時に「コロニアル」な意図があったとしても、琉大の軌跡は、そのような意図を超えて、大学が高等教育機関としてのあるべき姿をめざしてもがきながら成長していったことを示している。本書では、このような複雑きわまる琉大の発展について記述することを試みた。

資料収集について一言書いておきたい。ミシガン州立大学、ハワイ大学、そしてアメリカ公文書館では収穫があったとしても、このような資料探しは、発見の喜びとなにも見つからないことからくる深い落胆の繰り返しである。カリフォルニア大学や日本の国会図書館には大きな期待をもって出かけたが、あまり収穫はなかった。ただ、思いがけないところで思いがけない資料に出会うこともあった。ロサンゼルスの北米沖縄県人会でナンシー新島氏と出会い、更生会が呼び寄せた最初の留学生の一人であった父君の島袋文一氏に関する写真を見せていただいた。ハワイへの最初の留学生たちの姿が写った多くの写真があり、このような貴重な写真を複写することを許していただいたのは、予期せぬ幸運であった。また、「ミード報告」のように、古い文書の山の中から突如として眼前に現れてくる資料もある。

いうまでもなく、本書は琉大の歴史に関してその一部を語っているに過ぎない。いったん書き始めてみると、まだわからないことが多くあることに気づいた。そのようなわからないことを説明するはずの、いまだ発見されざる多くの資料がどこかに眠っているはずである。それがどこにあるかはいまは誰にもわからない。一気にすべての資料を発見するということは不可能であり、すこしずつパズルの断片を探し続けるしかない。

琉大の歴史は、沖縄の戦後社会の歴史を色濃く反映する。そのような歴史を知り、その誕生と成長の物語を語ることは、沖縄に住む私たち自身の歴史を知ることとかさなる。これは、いまだ未完の物語である。これからも補完され、書き直され、ディテールを埋めていく仕事が続くことだろう。本書が、そのような未来に継続される仕事に貢献するものになるのであれば、それは望外の喜びである。

本書は『琉大物語』と題しているが、実際に記述したのは一九四七年あたりから七二年までである。特に創立前後は公になった資料が乏しく、いまだ解明されていない事柄が多い時代である。あえて記述を試みてみたが、まだ足りないことばかりであろう。読者諸賢のご教示と叱正をお願いする次第である。

琉大に関する資料収集を可能にし、本書の執筆を支えたのは、文科省から二度にわたって受けた「異文化接触」に関する科学研究費であった。このような研究費が、公文書館や図書館での長期にわたる調査、あるいは遠くはアメリカの首都ワシントンにまで延びる資料収集を支えてくれた。資料収集のための経費は主に⑴科学研究費補助金基盤研究（A）「アメリカ統治と戦後沖縄――異文化の衝撃」平成十年度―平成十二年度（研究代表者比屋根照夫）、⑵科学研究費補助金基盤研究（A）⑵「戦後沖縄とアメリカ――異文化接触の総合的研究」平成十四年度―平成十六年度（研究代表者山里勝己）などに依存した。

本書ができるまでにはじつに多くの方々に激励していただいた。まずは、なによりもこのような研究の意義を理解し、激励していただいた琉球新報社の前論説委員長の上間了氏、担当者としてさまざまな斬新なアイディアで紙面を構成し、絶えず助言と激励を惜しまなかった文化部の宮城修記者、そして連載中から本書の刊行にいたるまで、全面的に支援していただいた宜保靖文化部長に心よりのお礼を申し上げたい。また、新報出版事業部長の玉城常邦氏には忍耐強く原稿の完成を待っていただき、刊行にいたるまでさまざまご教示や助言をいただいた。さらに、新星出版編集部の城間毅氏には編集の段階でさまざまな有益なご教示や助言をいただいた。

連載中は、多くの読者から直接・間接に激励をいただいた。特に、友人の新川智清沖縄高専教授と大城和喜南風原文化センター館長からはほぼ毎回、ていねいなコメントをいただき大きな刺激を受けた。その友情に対する感謝の気持ちはとてもここには書きつくせない。

資料や写真の提供をいただいた方々にも心よりの感謝を申し上げたい。特に、ハワイの湧川勢津子氏と湧川清栄氏の次女のアリス・マック氏には貴重な資料を提供していただいた。湧川氏の家庭での表情などについてもお話しいただき、記述にふくらみを加えることができた。琉大創立当初やアメリカ軍政府関係の写真などの貴重な資料と開学当初の大学の様子については、安次富長昭琉大名誉教授からさまざまなご指導・助言をいただいた。デイヴィッド・アカ（阿嘉良雄）氏には、更生会の活動について直接にお話をおうかがいする機会を与えていただいた。ロサンゼルスのナンシー新島氏には写真を含めていくつかの貴重な資料を提供していただいた。沖縄県公文書館の仲本和彦氏からはアメリカ公文書館での調査の際に懇切丁寧な指導を受けた。また、（連載当時の）琉球大学アメリカ研究センターの同僚の我部政明教授には、戦後沖縄の米軍と占領政策のこまかい実態について、いつも快くディスカッションに応じていただいた。センターでのこのような話し合いの中から多くのことを学んだ。名桜大学の瀬名波榮喜学長や米須興文琉大名誉教授には、五〇年代のミシガン・ミッションや琉大の雰囲気について、さまざまなご教示をいただいた。同僚の石原昌英教授とは時差の苦しみの中で協力して仕事をする喜びを共有することができた。若い同僚の喜納育江准教授や井上間従文講師からは洞察に富んだ有益なコメントがメールで送られてきた。ここには挙げないが、他にも多くの方々の激励を受け、いろいろとお世話になった。心より感謝を申し上げたい。

最後になったが、このような研究をいつも忍耐強く支えてくれた家族（マリー、亜紀子、健、晃平、絹子）にこころふかく感謝したい。

二〇〇九年九月

山里勝己

主要引用・参考文献

A・日本語文献

阿嘉良雄（David Y. Aka）「沖縄救済運動に奔走したころ」『アメリカと日本の架け橋・湧川清栄――ハワイに生きた異色のウチナーンチュ』ニライ社、二〇〇〇年、三三八―三四三頁。

阿嘉良弘（Raymond Y. Aka）湧川清栄宛書簡、一九四九年五月一日、湧川勢津子氏提供。

安里源秀「創立」『琉球大学二十周年記念誌』一九七〇年、一七―二七頁。

安里延　湧川清栄宛書簡、一九四八年八月十八日、湧川勢津子氏提供。

伊芸諒寛「米国留学――戦後初の学業復帰に恵まれて」照屋善彦・山里勝己編『戦後沖縄とアメリカ――異文化接触の五〇年』沖縄タイムス社、一九九五年、四九四―五〇七頁。

今井雄二「無名の民が動かす歴史」『朝日新聞』、一九八五年七月十日。

沖縄県教育委員会『沖縄の戦後教育史』、一九七七年。

沖縄県立図書館資料編集室編『沖縄県史料　戦後2　沖縄民政府記録1』、一九八八年。

沖縄県立図書館資料編集室編『沖縄県史　資料編1　沖縄戦2　Civil Affairs Handbook〔原文編〕民事

ハンドブック（和訳編）』、一九九五年。

沖縄県立図書館資料編集室編『沖縄県史　資料編2　沖縄戦1　The Okinawas[*sic*] of the Loo Choo Islands, etc.〈原文編〉琉球列島の沖縄人・他（和訳編）』、一九九六年。

沖縄タイムス社編『琉大風土記——開学40年の足跡』沖縄タイムス社、一九九〇年。

『沖縄タイムス』一九五〇年四月十八日、四月二十一日号。

沖縄大百科事典刊行事務局編『沖縄大百科事典』（全四巻）沖縄タイムス社、一九八三年。

親泊朝雄「琉球における高等教育史」『琉球大学創立20周年記念誌』、一九七〇年、五—十五頁。

加藤一郎「嵐の中の琉球大学」『東京大学学生新聞』、一九五六年九月十七日、四頁。

加藤一郎「沖縄の『自由』」『世界』、一九五七年（第一三七号）、三九—四七頁。

我部政明『戦後日米関係と安全保障』吉川弘文館、二〇〇七年。

月刊沖縄社編『アメリカの沖縄関係法規総覧II　第2部　法令別・年次別法令　第三編　布令(I)』月刊沖縄社、一九八三年。

財団法人沖縄救済更生会『更生沖縄（*Reborn Okinawa*）』第一号（一九四七）—第四号（一九五一）。

在米沖縄復興聯盟『会報』第二号、一九四九年十月。

志喜屋孝信　湧川清栄宛書簡、一九四七年十月九日、湧川勢津子氏提供。

志喜屋孝信・山城篤男　湧川清栄宛書簡、一九四九年一月二十七日（この書簡の中に、“Suggestions for letter to Mr. Wakukawa”と題するアーサー・ミードからの更生会への協力依頼が同封されている）、湧川勢津子氏提供。

新里清篤　湧川清栄宛書簡、一九四八年八月十七日、湧川勢津子氏提供。

鈴木栄一『日本占領と教育改革』勁草書房、二〇〇〇年。

スミス、R.N.『ハーバードの世紀――アメリカを創った名門大学』（村田聖明、南雲純訳）早川書房、一九九〇年。

西南学院大学『西南学院70年史』、一九八六年。

玉寄法雲「ハワイにおける沖縄救済事業」比嘉太郎編『移民は生きる』日米時報社、一九七四年。

玉寄法雲『遠慶《おんきょう》宿縁《しゅくえん》』マカレー東本願寺、一九五三年。

照屋善彦・山里勝己編『戦後沖縄とアメリカ――異文化接触の五〇年』沖縄タイムス社、一九九五年。

仲宗根政善、山城篤男、安里源秀、平良文太郎、中村龍人「創立時代を顧みて――十周年記念座談会」琉球大学編『十周年記念誌』一九六〇年。

仲宗根政善・新崎盛暉（対談）「沖縄現代史への証言――米軍占領下の教育裏面史」、『新沖縄文学』第四四号、一九七九年。

長嶺文雄「戦後初のアメリカ留学生」『写真とエッセイ　米留五〇年』ガリオア・フルブライト同窓会編、二〇〇〇年、五七―六〇頁。

『布哇タイムス』一九四七年四月五日、四月八日、六月十七日、六月二十六日、八月十一日、八月十五日号。

不二出版『うるま新報』(復刻版) 第一巻、一九九九年。

北米沖縄クラブ編 『北米沖縄県人史』、一九八一年。

嶺井政和「琉大が燃えた日」http://w1.nirai.ne.jp/nyanko/father.html.

宮里政玄 『日米関係と沖縄 一九四五―一九七二』岩波書店、二〇〇〇年。

宮城悦二郎「アメリカ文化と戦後沖縄」照屋善彦・山里勝己編『戦後沖縄とアメリカ――異文化接触の五〇年』沖縄タイムス社、一九九五年、十七―三一頁。

宮城悦二郎『占領27年 為政者たちの証言』ひるぎ社、一九九三年。

安井祐一「古里沖縄を愛した人・湧川清栄」『アメリカと日本の架け橋・湧川清栄――ハワイに生きた異色のウチナーンチュ』ニライ社、二〇〇〇年、三五一―三五八頁。

山里勝己編『戦後沖縄とアメリカ――異文化接触の総合的研究』平成十四年度―十六年度、科学研究補助金基盤研究(A)(2)成果報告書(課題番号14209011)、琉球大学法文学部、二〇〇五年。

山里勝己「大学の誕生――湧川清栄とハワイにおける大学設立運動」湧川清栄遺稿・追悼文集刊行委員会編『アメリカと日本の架け橋・湧川清栄――ハワイに生きた異色のウチナーンチュ』ニライ社、二〇〇〇年、二五八―二七四頁。

山里勝己「ミード報告を読む」『琉球新報』、二〇〇六年九月二十七日、十月十一日、十月十八日、十月二十五日、十一月八日。

琉球新報社編『不屈　瀬長亀次郎日記　第2部　那覇市長』、二〇〇九年。
琉球新報社編集局編『燃える青春群像―沖縄文教・外国語学校』、一九八八年。
琉球政府文教局研究調査課編『琉球資料　第3集　教育編』那覇出版、一九五八年。
琉球大学『大学便覧』、一九五〇年。
琉球大学『琉球大学理事会議事録』、一九五一年、一九五六年。
琉球大学『琉球大学便覧』、一九五一―五二年。
琉球大学『Catalogue』、一九五二―五三年。
琉球大学『琉大週報』、一九五三年第一号―一九六三年第五十九号。
琉球大学『琉球大学』「一九五六年度卒業式式次第」、一九五六年。
琉球大学『琉球大学概況』、一九五九年一月。
琉球大学『十周年記念誌』、一九六〇年。
琉球大学『琉球大学創立二十周年記念誌』、一九七〇年。
琉球大学「琉球大学の基本構想について」、一九七〇年。
琉球大学『琉球大学三十年』、一九八〇年。
琉球大学『琉球大学四十年』、一九九〇年。
琉球大学『学生便覧』、一九九七年版。
琉球大学『琉球大学五十年史』、二〇〇〇年。

『琉大文学』同人『琉大文学』第二巻第一号（通巻十一号）、一九五六年。

湧川清栄『当山久三伝――沖縄解放の先駆者』太平出版社、一九七三年。

湧川清栄「琉球大学講演原稿」（一九八九年十二月八日）、湧川勢津子氏提供。

湧川清栄・外間守善（対談）「ハワイと沖縄の架け橋」『沖縄文化』、一九八五年十一月。

湧川清栄遺稿・追悼文集刊行委員会編『アメリカと日本の架け橋・湧川清栄――ハワイに生きた異色のウチナーンチュ』ニライ社、二〇〇〇年。

注　沖縄救済更生会の大学構想発表と同時に沖縄や東京から送られてきた多数の書簡や寄せ書きについては省略した。これらについては、沖縄県公文書館で閲覧可能である。また、湧川勢津子氏から同公文書館に寄贈された湧川氏の文書については、現在そのほぼ全部を閲覧することができる。

B．英語文献

Abbot, Frank C. Letter to John Hannah. 17 May 1951. Michigan State University Archives and Historical Collections, East Lansing, Michigan.

———. Letter to Arthur E. Mead. 8 June 1951. Michigan State University Archives and Historical Collections, East Lansing, Michigan.

———. Letter to Lt. Col. R. P. Hagen. 11 June 1951. Michigan State University Archives and Historical Collections, East Lansing, Michigan.

———. Letter to John Hannah. 12 June 1951. Michigan State University Archives and Historical Collections, East Lansing, Michigan.

———. Letter to James H. Denison. 14 June 1951. Michigan State University Archives and Historical Collections, East Lansing, Michigan.

Adams, Arthur. Letter to John A. Hannah: Memorandum of Information Concerning a Cooperative Project with the University of the Ryukyus. 2 May 1951. Michigan State University and Historical Collections, East Lansing, Michigan.

Advisory Committee on the University of the Ryukyus. “Minutes, Meeting of June 1, 1951.” Michigan State University Archives and Historical Collections, East Lansing, Michigan.

Aka, David Y. (阿嘉良雄). Interview with Katsunori Yamazato. Honolulu, Hawaii. 14 October 2000.

Anthony, Ernest L. Letter to John Hannah. 20 June 1951. Michigan State University Archives and Historical Collections, East Lansing, Michigan.

——— and Milton Muelder. Letter to John Hannah. 1 July 1951. Michigan State University Archives and Historical Collections, East Lansing, Michigan.

——— and Miton E. Muelder. Letter to John Hannah. 11 July 1951. Michigan State University Archives and Historical Collections, East Lansing, Michigan.

——— and Milton Muelder. Letter to John Hannah. 18 July 1951. Michigan State University Archives and Historical Collections, East Lansing, Michigan.

——— and Milton Muelder."Observations and Suggestions, Ryukyuan University Mission." 18 July 1951. Michigan State University Archives and Historical Collections, East Lansing, Michigan.

Ashcroft, Bill, Gareth Griffiths, and Helen Tiffin. *The Empire Writes Back: Theory and Practice in Post-Colonial Literatures*. London: Routledge, 1989. 邦訳は木村茂雄訳『ポストコロニアルの文学』青土社、一九九八年。

———. eds. *The Postcolonial Studies Reader*. London: Routledge, 1995.

Brydon, Diana. *Postcolonialism: Critical Concepts in Literary and Cultural Studies*. 5 vols. London: Routledge, 2000.

"Vern Sneider." Marjorie Dent Candee, ed. *Current Biography Yearbook 1956*. New York: H.W. Wilson, 1956.

Cross, F. Coy II. *Justin Smith Morrill: Father of the Land-Grant Colleges.* East Lansing: Michigan State UP, 1999.

Foerster, Norman. *The American State University: Its Relation to Democracy.* Chapel Hill: U of North Carolina P, 1937.

GHQ. "Report from Japan and Ryukyus." Macarthur Library, SCAP Papers: Box 88, 11 October 1947.

Hannah, John. Letter to Miton E. Muelder. 10 May 1951. Michigan State University Archives and Historical Collections, East Lansing, Michigan.

———. Letter to Koshin Shikiya. 6 August 1951. Michigan State University Archives and Historical Collections, East Lansing, Michigan.

Hatch, Raymond. "More Than a Military Mission. . ." *Alumni Newsletter,* Ashland College, 1963, n.pag.

Hinds, John H. "Ryukyu University Dedication and Inauguration Ceremonies." The National Archives, RG260, USCAR papers, 1951.

Horwood, Russell E. Letter to Milton E. Muelder. 22 April 1952. Michigan State University Archives and Historical Collections, East Lansing, Michigan.

———. Letter to Milton E. Muelder. 13 May 1953. Michigan State University Archives and Historical Collections, East Lansing, Michigan.

Johnson, Chalmers. *Blowback: The Costs and Consequences of American Empire*. New York: Henry Holt, 2000.

Kamins, Robert M. and Robert E. Potter. *Mãlamalama: A History of the University of Hawaii*. Honolulu: U of Hawaii P, 1998.

Kerr, George H. *Okinawa: The History of an Island people*. Tokyo: Charles E. Tuttle,1958.

Kuhn, Madison. *Michigan State: The First Hundred Years*. East Lansing: Michigan State UP, 1955.

Leebrick, Karl C. *Builders of the University, 1947*. Honolulu: U of Hawaii P, 1947.

MacArthur, Douglas. A message read at the dedication ceremony of the University of the Ryukyus (1951). University of the Ryukyus Library Special Collections, Nishihara, Okinawa.

Mead, Arthur. "Suggestions concerning the Michigan State Project." 20 September 1951. Michigan State University Archives and Historical Collections, East Lansing, Michigan.

Mead, David C. Letter to Miton E. Muelder. 22 August 1956. Michigan State University Archives and Historical Collections, East Lansing, Michigan.

Muelder, Milton E. Letter to Frank C. Abbot. 29 May 1951. Michigan State University Archives and Historical Collections, East Lansing, Michigan.

———. Letter to John Hannah. 28 July 1951. Michigan State University Archives and Historical Collections, East Lansing, Michigan.

———. "Report of Observations of Problems and Conditions of Okinawa Relative to Michigan State College 'Adoption' of University of the Ruykuys." Michigan State University Archives and Historical Collections, East Lansing, Michigan. 28 July1951.

———. "University of Hawaii and 'Adoption' of the University of the Ryukyus." 28 July 1951. Michigan State University Archives and Historical Collections, East Lansing, Michigan.

———. "The University of the Ryukyus." *Educational Record,* October 1951, 350-60. Michigan State University Archives and Historical Collections, East Lansing, Michigan.

Nevins, Allan. *The Origin of the Land-Grant Colleges and State Universities: A Brief Account of the Morrill Act of 1862 and Its Results*. Washington, D.C.: Civil War Centennial Commission, 1962.

Office of Strategic Services Research and Analysis Branch. *The Okinawas* [*sic*] *of the Loo Choo Islands: A Japanese Minority Group*. Okinawan Studies, No. 3. Honolulu, 1944.

Office of the Chief of Naval Operations, Navy Department. *Civil Affairs Handbook, Ryukyu (Loochoo) Islands*. OPNAV 13-31., n.p., 1944.

Patrick, John. *The Teahouse of the August Moon*. New York: G.P. Putnam's Sons, 1952.

Perry, Commodore M.C. *Narrative of the Expedition to the China Seas and Japan, 1852-1854*. 1856. New York: Dover Publications, 2000. 邦訳は金井圓訳『ペリー日本遠征記』雄松堂出版、一九八五年。

Pratt, Mary Louise. *Imperial Eyes: Travel Writing and Transculturation*. London: Routledge, 1992.

Rudolph, Frederick. *The American College and University: A History*. New York: Knopf, 1962. 邦訳は阿部美哉、阿部温子訳『アメリカ大学史』玉川大学出版部、二〇〇三年。

Said, Edward W. *Culture and Imperialism*. New York: Vintage, 1994. 邦訳は大橋洋一訳『文化と帝国主義』（全二巻）みすず書房、一九九八年。

———. *Orientalism*. New York: Pantheon, 1978. 邦訳は板垣雄三・杉田英明監修、今沢紀子訳『オリエンタリズム』（上・下）平凡社、一九九三年。

Shikiya, Koshin. Letter to John Hanna, 18 July 1951. Michigan State University Archives and Historical Collections, East Lansing, Michigan..

Snyder, Harold E. ed. *Educational Progress in Japan and the Ryukyus*. Washington, D.C.: American Education Council, 1950.

The Stars and Stripes. “Ryukyus Building First University.” 16 April 1949.

The United Okinawan Association of Hawaii. *Uchinanchu: A History of Okinawans in Hawaii*. Honolulu: U of Hawaii P, 1981.

The University of Puerto Rico. *Graduate Studies: Catalogue and Bulletin of Information, 1992-1994*. U of Puerto Rico, Rio Piedras Campus, 1994.

University of the Ryukyus. "Commencement Program of the University of the Ryukyus, Academic Year 1953-53."

———."Welcome to Ryukyu University." *Gakusei binran* [Student's Catalogue]. Shuri: University of the Ryukyus, 1951.

The United States Civil Administration. "CA Ordinance Number 30." Issued January 10, 1951. *Law and Regulations During the US Administration of Okinawa, 1945-1972*, Book (1). Naha: Okinawa Gekkansha, 1983.

The United States Civil Administration. "CA Ordinance Number 66, Change No. 2: Code of Education for the Ryukyus." Issued April 7, 1953. *Law and Regulations During the US Administration of Okinawa, 1945-1972*, Book (1). Naha: Okinawa Gekkansha, 1983.

The United States Civil Administration of the Ryukyu Islands, Office of the High Commissioner, Office of Public Affairs. News Release: "Key Founder of the University of the Ryukyus Dies in the U.S." 10 December 1963. Michigan State University Archives and Historical Collections, East Lansing, Michigan.

Wheeler, Ernest J. et al. "Quarterly Report of the Michigan State University Mission to the

University of the Ryukyus (1 October 1953 through 31 December 1953)." Michigan State University Archives and Historical Collections, East Lansing, Michigan.

"William Kwai Fong Yap: Father of the University of Hawaii." *Malamalama* 14 (1989): 7-8.

Yamazato, Katsunori. "The Birth of a University: The Background and Some Problems Concerning the Establishment of the University of the Ryukyus." *The Okinawan Journal of American Studies*, Premier issue(2004): 10-18.

註　一九五二年から約十八年間にわたって書かれたミシガン・ミッションの報告書については、特に本書で引用したもの以外は省略した。これについては沖縄県公文書館で閲覧可能である。

著者

山里勝己（やまざと　かつのり）

1949年、沖縄島本部町生まれ。カリフォルニア大学デイヴィス校英文科博士課程修了（PhD、アメリカ文学専攻）。現在、琉球大学法文学部教授、ハワイ大学アメリカ研究学科研究連携教授、九州アメリカ文学会会長。著書に『場所を生きる——ゲーリー・スナイダーの世界』(2006)、ゲーリー・スナイダー『終わりなき山河』（訳書、2002)、『戦後沖縄とアメリカ——異文化接触の五〇年』（共編、1995）*Literature of Nature: An International Sourcebook*（共編、1998）、*Popular Western American Literature, Part I: The 19th Century.* 全10巻（編、2004）、*Voices from Okinawa* (共編、2009) など。第5回新報短編小説賞受賞（1977)、沖縄タイムス芸術選賞大賞受賞（文学研究、2008年)。

琉大物語
1947-1972

二〇一〇年二月十八日　初版第一刷発行

著　者――山里勝己

発行者――高嶺朝一
発行所――琉球新報社
〒九〇〇―〇〇二一
沖縄県那覇市泉崎一の十の三
電　話（〇九八）八六五―五一〇〇
ＦＡＸ（〇九八）八六八―六〇六五
http://ryukyushimpo.jp/
発　売――琉球プロジェクト
電　話（〇九八）八六八―一一四一
印刷所――新星出版株式会社

ISBN978-4-89742-110-0
定価はカバーに表示してあります。

人物列伝
戦後沖縄の政治家たち
仲本安一

県議、社大党委員長などを務めた著者が、政治家十二人を通して政治家とは何かを問いかける。

（本体価格　九五二円）

不屈　瀬長亀次郎日記
第2部「那覇市長」
琉球新報社編

米軍の布令で那覇市長の座を追放されながらも、圧政に真っ向から立ち向かったカメジローの不屈の精神は今、輝きを増す。

（本体価格　二一九〇円）

沖縄列伝
戦後史の証言者たち
琉球新報社編

戦後復興の裏に秘められた数々のドラマが今、明らかに。呉屋秀信・中村文子・大城立裕・島袋宗康・新島正子・島袋正雄・真喜志忠男・古波津清昇・船越義彰・普久原恒勇・知名洋二・尚弘子
（本体価格　二一九〇円）

戦後をたどる
「アメリカ世」から「ヤマトの世」へ
那覇市歴史博物館編

敗戦、住民の収容所生活から米国統治、復帰、沖縄サミットまで、政治・経済・教育・文化など那覇の戦後史をたどる。

（本体価格　二四〇〇円）

沖縄戦新聞
琉球新報社編

二十万人余の生命を奪った沖縄戦を、現在の記者が再構成して制作した新聞。０５年度　日本新聞協会賞受賞。

（本体価格　八〇〇円）